サンリオピューロランドの

魔法の朝礼

THE SECRET
KEY OF
SANRIO PUROLAND'S
"RE-BORN"

株式会社サンリオエンターテイメント
代表取締役社長

小巻亜矢

SOGO HOREI PUBLISHING CO., LTD

はじめに

会社を変えた「一日十二回の朝礼」

　サンリオピューロランド（以下、ピューロランド）では、一回約一〇分の朝礼を、一日のべ十二回行っています。ピューロランドではこの朝礼を「ウォーミングアップ朝礼」と呼んでいます。十二回も行うのは、アルバイトスタッフの出勤時間が勤務場所やシフトによって異なるから。一回の参加者は少ない回で一〇名弱、多い回では三〇名以上になることも。メンバーは部署横断で集まり、その日のプログラムを吸収し、参加者同士、また講師とも情報共有に努めます。講師役（トレーナー）は社員が部署を越えて務めます。

「朝礼」といっても、一方通行的な「申し送り」ではありません。自己紹介など、二〜三分間のアイスブレイク（緊張緩和）を終えたあと、接客スキルを向上させるようなワークや、語学やダンスプログラムなどのワンポイントレッスンに取り組みます。

　つまりピューロランドの朝礼とは、毎日継続して行われる「参加型のミニ研修」と言える、継続型のスキルアッププログラムです。一日わずか一〇分間ですが年間を通して参加してもらうと、その知識の蓄積は膨大になり、共に働く仲間とのつながりが育ちます。

朝礼で会社に笑顔が戻った

このウォーミングアップ朝礼を始めてから、スタッフのサービスが向上し、意識も前向きになり、ありがたいことにお客様からお褒《ほ》めの言葉も増えました。

朝礼を運営する部署以外からも「朝礼でこれを取り上げてみてはどうか」という提案が寄せられるなど、組織が成長している感触があります。

さらに「ピューロランドをもっとよくしたい」と、照れることなく口に出せるスタッフが非常に増えました。スタッフが部署を越えて廊下で明るく挨拶を交わす姿も、今では日常的な光景となっています。ウォーミングアップ朝礼を始め、社内に定着し始めてから、このような風土が育ち始めた実感がありました。ちょっとしたきっかけに過ぎないかもしれませんが、朝礼のパワーは絶大だと確信しています。

朝礼を習慣化する前のピューロランドは、現在とは全く異なっていました。業績は低迷を続け社内の雰囲気も停滞。スタッフに笑顔がないだけでなく、残念ながら接客スキルや言葉遣いも身についていない印象がありました。

たとえば、私が赴任前に一般客として訪れたとき、現場のスタッフにパレードの時間を訊ねてみたところ、

「わかんないっすね……」と、首をかしげてそう返されました。当時は、スタッフを充分に研修する余裕もない状態でしたから、仕方がなかったのかもしれません。それでも最低限のサービススキルは身に付けていてほしかった。本当に残念で、心が痛む一件でした。

「経営状況が厳しいからこそ、人に投資をしなければ」

そんな思いに駆られて、ウォーミングアップ朝礼をスタートし、続けてきたのです。

結果、スタッフのチームワークは促され、接客スキルも著しく向上しました。スタッフ同士の風通しがよくなり、定着率はアップ、「ピューロランドの仕事が楽しくて」と言ってくださる人も増えました。

来場者数は過去最高に

さらに二〇一八年度、オープン以来最多となる「二一九万人」というお客様の数を記録することができました。メディアに取り上げてもらう機会も増え「ピューロランドはV字回復した」という言葉までいただくようになりました。

このような結果は、もちろん私一人の力だけではありません。スタッフが本来持っていた力を発揮し、サポートし合える風土になったからなのです。皆、「ピューロランドをよくしたい」という気持ちが強いですし、「何をしたらよいか」というアイディアも持っていたのです。ただ、「予算削減モード」が蔓延《まんえん》していたため、お金のかかることは言い出しにくかったでしょうし、横のつながりが薄いため、対話が難しい風土になっていたのも確かでした。

私が強力なリーダーシップを発揮し、皆を引っ張ったわけではありません。「あなたはどう思いますか」と耳を傾け、「話し合いましょう」と促し、元気のない人がいれば、「大丈夫?」と声をかける、そんなお母さんのような関わり方をすることが、赴任当時の私にできる精いっぱいのことだったのです。

そして、**「聴き合う会社」の実現のため、会社の文化の根っことしての「朝礼」を重んじました。**私たちがどのように朝礼を取り入れてきたのか。その経験を、より多くの方にお伝えできればと思い、このたびペンを執りました。「ビジネスの現場に朝礼をプラスするだけで、働く人たちの能力が最大限に発揮される」、そんな好例として本書をお役に立てていただければ幸いです。

CONTENTS

第2章 会社を変えた朝礼の力

第3章 サンリオピューロランドのすごい朝礼

第4章 朝礼を支える仕組み

カバー：別府拓（Q. Design）
本文デザイン&図表：大口太郎
本文DTP：横内俊彦
校正：矢島規男

第1章

マイナスのスパイラルにはまっていたピューロランド

課題山積のピューロランドに赴任

私は一九八三年に株式会社サンリオに新卒で入社しました。ギフトゲートや「いちごのお家」という直営ショップで一年足らず働いた後、結婚退職しました。当時は男女雇用機会均等法もなく、多くの女性が結婚や出産で会社を辞める時代で、私もそんな生き方に疑問を感じなかったのです。

それから三十七歳まで専業主婦として過ごし、もう一度、仕事に復帰する日が来るとは思っていませんでした。

復帰する大きなきっかけとなったのは、わが子の事故死でした。このとき、私は自分が生きる意味、生きている実感を失ってしまったのです。

複雑な気持ちで行き詰まり、結婚生活に終止符を打ち、再び社会で仕事をする道を選びました。

それから、たまたま声をかけてもらって始めた化粧品販売の仕事を経て、結局サンリオのグループ会社に戻りました。

女性支援や子育て支援の仕事を通して、みんなが自分との向き合い方に葛藤を抱えていることに気づき、二〇一〇年、五十歳になってから、大学院に行き、自己理解論を研究しました。修士課程を修了したとき、それまでのさまざまな経験、学びを通して、自分のライフワークは「人が自分自身を肯定し、すっきりした気持ちで生きていくこと」をサポートすることだ、と迷いなく思い、その道に進もうと思っていました。

けれど、二〇一四年、人生の大きな転機が訪れました。

ピューロランドは、一九九〇年に東京都多摩市でオープンした屋内型テーマパークです。オープン当時は大変な盛況で私も子どもたちを連れて訪れた懐かしい場所です。低迷していると聞き、「どうしてなんだろう？」と思い、一ファンとして再訪してみたのです。すると、どうでしょうか、「ああ残念、ここがこうなればもっとよくなるのに……！」というところが目に付きました。

当時のピューロランドのことを思い出すと心が痛みます。本来は夢の場所であるはずなのに館内は全体的に暗く、「どんより」というのがぴったりなほど印象が悪かったのです。

お客様が少なく、スタッフにも笑顔が見られず……。

レストランも活気がなくて、メニューも残念な状況でした。グッズもオリジナリティーに欠け、あまり魅力を感じられなかったのです。

そんな中でも、ショーのクオリティは悪くありませんでした。ただ、見ているお客様が少ないと活気がなく、キャストのモチベーションも上がりません。感動する内容のショーをもっとたくさんの方に観ていただきたい、という思いが湧き上がりました。

いろいろな課題が目についたけれど、おそらく、スタッフ一人ひとりが怠けているとか、やる気がない、とか、そういうことではないように感じました。そこで私は、現場のスタッフさんのことをよく知りたいと思い、客という立場で三度リサーチしてみました。

一回目に訪れたとき、まず気づいたのは、「スタッフがボーッと立っている」という印象を持ったことです。

そんな風に見えた理由は、平日だったこともあり、お客様が少なかったせいかもしれません。そして、一番印象的だったのが、入り口で風船を販売しているスタッフの目です。

うつむいて仕事をしていたので、「話しかけないでくださいオーラ」も全開で、時間が過ぎるのを待っているオブジェのようにも見えました。楽しさやワクワクした感じは残念ながら微塵も感じられませんでした。

それから、館内に入っていき、イベントのスケジュールや内容について、いろんなスタッフにあえて質問をしてみても、ほとんどのスタッフが答えられない、言葉遣いも「……？その言い方ではないほうがいいいな」という状況でした。

グッズ売り場も同様に残念な印象が拭えませんでした。

商品のラインナップは他のサンリオショップで買えるものが多くて特徴がありませんし、オリジナルと思われるものもありましたが、シーズンイベントとマッチしていなかったり、トーンがあまりにも子ども向けすぎたり、とても残念だったのです。

多くのテーマパークのショップに行くと、普通には購入できない商品ばかりでテンションが上がって「わあ、嬉しい！」という気持ちになるものですが、そんな弾んだ気持ちにはなれませんでした。

レストランも然りです。当時のピューロランドには「ロボットが調理する」というコンセプトの「フードマシンレストラン」が営業していました。

ところが、肝心のロボットが故障して止まっていて、「ああ、経費がかけられないんだな」と見てとれました。

オープン当初、このレストランのロボットはもちろん動いていました。お客様も多くて活気があり、カフェテリア形式も新鮮で、とてもわくわくさせるものだっただけに、切なく寂しい気持ちになってしまいました。

おまけに、入ってすぐ左側にあるレーンの片方がクローズしていて、右側だけが使われていました。お客様が少ないので、コスト削減の意図をひしひしと感じました。

苦しい状況でも光は射していた

当時のピューロランドは「全体的に残念な状態」だったのです。でも、まったくよいところがないというわけではありません。何といっても、天候に左右されない屋内型というメリットがありますし、サンリオキャラクターはみんなかわいく、ファンもたくさんいます。私が気づいた課題の多くは、おそらく、社内のコミュニケーション不足を解消すれば、随分よくなるのではないかと感じました。課題が多くあるということは、やるべきことが明確だということ、それならば、ピューロランドは可能性に満ちているということだなと……。

そこで、その思いを株式会社サンリオの辻信太郎社長（以下、辻社長）へ感想文として提出しました。

「社長、大変です！　ピューロランドは可能性に満ちています」と。

経営者としては、周囲から「（ピューロランドは）どうなっているんだ？」「手放すべきでは？」と言われ続けていたことでしょう。

しかし、そんな中で、「可能性に満ちている」という私の言葉が嬉しかったのかもしれません。

社長からは「もう一度見てきて」という連絡をいただきました。

二回目は私一人ではなくて、同年代の友だちと訪れました。彼女に「どう？」と聞くと、やはり私と同じ感想を持ったようでした。

ただ、ショーは当時から素晴らしく、私も彼女も鑑賞しているうちに泣いてしまったほどです。ショップにショーのコスチュームを着たハローキティのマスコットがあったので、嬉しくなってそれだけを買って帰ってきました。

三回目はエンターテイメント業界のプロの方に一緒に来ていただいて、改善の可能性についていて、どんな感想をお持ちになるか、伺いながら見て回りました。

その後、サービスやレストラン、プロモーション、トイレの壁紙から何から何まで、改善すべき点をいったん予算度外視で細かくリポートして辻社長に提出しました。

そのレポートを書いていて気付いたのが、最優先すべきはスタッフの教育ということでした。

三回ピューロランドを一般客として訪問し、スタッフさんを観察しましたが、一人ひとりのスキルが低いというわけではないと思ったのです。**十分な情報や、基本をお伝えし、笑顔でお客様に接するための心がけや、みんなでサポートし合える体制を作ればいい。**そのときはまだ朝礼という発想はありませんでしたが、年に数回の研修では足りないと思いました。モチベーションやサービススキルを上げていくためには、繰り返し行うことが大切で、それにはどういう方法がいいのか、と思いをめぐらせていました。

思い切ってそれらのピューロランドの改善点をレポートとして辻社長に提出したところ、社長から「じゃあ、あなたがやってみる？」という言葉が戻ってきました。

そのときは、すぐに「はい、ありがとうございます」とは言えませんでした。

当時「私が何とかします」というつもりは全くなく、もともと大好きだったピューロランドが残念な状態になってしまって悲しいので、早く立ち直ってほしい。そのために、こうしたらどうですか、という願いを込めてレポートを提出したに過ぎないのです。二週間ほど、自問自答を重ね、友人の意見を聞き、悩みましたが、結局、私は挑戦するほうを選びました。大好きなサンリオのハートを伝えるピューロランドが少しでも元気になるために、できることを精いっぱいやらせていただこう、そう思ったのです。

課題の根幹は「社内の連携が少ないこと」

それまで私はテーマパークでのキャリアはありません。エンターテイメントについてもまったくの素人です。

しかし、素人だからこそ、それまでの事情も知らないからこそ、見えてくるものもありました。ピューロランドにはさまざまな問題点がありました。その全ての問題の根本にあるのは、「社内の連携の少なさ」だということです。

三回訪れたピューロランドで感じた課題、基本的なコンセプトの共有が図れればきっとよくなるはずだと確信しました。

たとえば「不思議の国のハローキティ」という、とてもかわいくて感動させられるショーがありましたが、その世界観がそのショーの中だけにしか見られないのです。これはもったいないことです。

また、いろいろなところに手書きのサインが貼ってあって、それはそれでかわいくしようという努力が感じられましたが、フォントも色使いもバラバラでした。もう少しエリア同士で連携して、ピューロランド内での統一感を打ち出せば、お客様の印象もよくなるはずなのです。

それは単なるデザインの問題ではなく、部署を越えた連携ができていないという問題を象徴しているかのように思えました。

ピューロランドがそういう状況になる事情やそれまでの慣習があってのことだったということがよくわかるエピソードがあります。

四十代のベテラン男性社員がこうなった理由の一つを教えてくれました。

「私が入社したときは、コンセプトがガチガチで、世界観が崩れてしまうから違うコスチュームで隣のアトラクションに行ってはいけない、話をしてもいけないという決まりがあったんです。だから、社内の連携が希薄なのかもしれません。

たとえば、レストランのゴミ箱がアイスの容器であふれていても、そのそばにいるアトラクションのスタッフが自分では片付けないで、わざわざ無線でレストランのスタッフを呼ぶんです。ピューロランドのスタッフなのだから、自分の所属にかかわらず、手が空いていれば、気付いたスタッフが片付けてしまえばいいのに。上からの指示でコミュニケーションが分断されているから、助け合うという発想が出てこない。つながろうという意識もないんです」

「そういう歴史があったのか……」と私は驚きました。

そのようなルールを作った方にも、もちろんさまざまな事情や思いがあったのでしょう。しかし、「目の前にお客様がいるのに、世界観を保つために手を出さないで筋を通すということが本当によいことなのか？　ピューロランドの世界観とは誰のため？　何が最も大切なのだろう？」と、そのときのスタッフが感じたのと同じ違和感を感じました。

まずはバックヤードを元気にしたい！

お客様に接する表の世界はもちろんのこと、バックヤードでもスタッフ同士の関係は良好とは言えませんでした。

残念ながら同じ職場で志を一つにして働く同志、という状態ではありませんでした。

トイレや廊下ですれ違っても、元気よく声をかけあったり、冗談を言うような雰囲気ではなく、週に何回かしか出勤しないアルバイトスタッフと社員の間にも親しげな挨拶はなく、そのままアルバイトスタッフたちから「社員との壁」を感じると言われてしまうような状況でした。

「殺伐」と言ったら言いすぎかもしれませんが、スタッフがみんな、ささくれていた印象でした。

私はそれがとても悲しく、切なかったのを覚えています。

もちろん、状況を改善したいと思っても、バックヤードにはなかなか経費をかけられず、どうにもならないという状況はよく理解できていました。

まずはお客様の安全性を確保し、居心地のよさや満足度を上げなければいけない。そして、来場者数や売り上げに直接つながることを優先するべき状況であることもわかっていました。

けれど、お客様と同じくらい、スタッフもとても大切な存在であり、潜在的なお客様ではないでしょうか。

たとえ、彼女、彼らがアルバイトスタッフであったとしても、退職した後にお客様として来場してくれる可能性があります。

彼らが退職したときに「ピューロランドはひどかった」と思われるのではなく、「大好きだった」と思ってもらえるようにありたい。ですから、バックヤードの元気のなさ、会話の少なさについては、私は本当に心が痛みました。

また、部署によっては、人間関係や派閥のような悩みも多少はあったと思います。これは他の会社でもよくあると言われるものですが、経営状況が悪い中、人事異動なども難しくなると同じ人が同じ部署に定着し、先輩が「自分のやり方」を一方的にさせようとしたり、強要したりしようとする。

そうすると、若い人たちの間でも「言うことを聞く人」と「そうでない人」とに分断され、それによって派閥ができたり、必要以上の上下関係のようなものが自然発生してしまいます。

このような状況が大なり小なりあちこちに見られました。連携の少なさ、コミュニケーションの希薄さを何とかしたいというのが、当時の私の切なる願いでした。

改革は二百人のスタッフとの「対話」から

赴任してきたばかりで何も知らない私は、とにかく「働いているみんなのことを知りたい」と思いました。スタッフがどんな気持ちで働いているのか知らなければ、何も手を付けられないと思ったのです。

まずは、管理職の方たちからスタートして、**一対一、もしくは、ワークショップのような形で「二人一組」で話をしてもらって、それを私が聞くという形で全員に面談を行いました。**

当初は何もわからない「よそもの」だからとスタッフの中には反発があったのも容易に想像できますが、全ての社員に心を開き、耳を傾けることを続けました。

そして、「課題がある」という認識を共有し、部署の違いを越えた話し合いの場を作ることで、スタッフそれぞれが自分の役割に気づき、セクショナリズムに陥っていた組織が徐々に自由に対話できるようになったのです。

なぜ苦しいときもピューロランドを辞めなかったのか。
一番嬉しかったこと、苦しかったことは何か。
お客様に見てほしいのはどこか。
スタッフに話を聞くと、非常に熱い思いが返ってきました。

みんなピューロランドをよくしたいし、好きな気持ちもあったのです。何をしたらいいのかのアイディアも持っていたのです。

ただ、予算削減でお金のかかることは言い出しにくかったでしょうし、横のつながりが薄くなってお互いに話しにくい風土になっていたのも確かでした。

そこで、「ヒアリング」を終えたあと、意識改革のために全社員で話をしてピューロランドのコンセプトを共有し、自分たちが目指すことを語り合う「対話フェス」というイベントを継続的に行い「風通しのよい会社」を目指すことにしました。

ここでは全員に共通の問いをしました。

「どうしてピューロランドで働こうと思ったのですか？」
「ピューロランドで仕事をしていて、一番楽しかったことは何ですか？」
「一番大変だったことは何ですか？」
「外部の方にピューロランドのここを見てって言いたいのはどこですか？」
「ピューロランドにもっとこんなものがあったら、と思うものは？」

対話フェスの様子

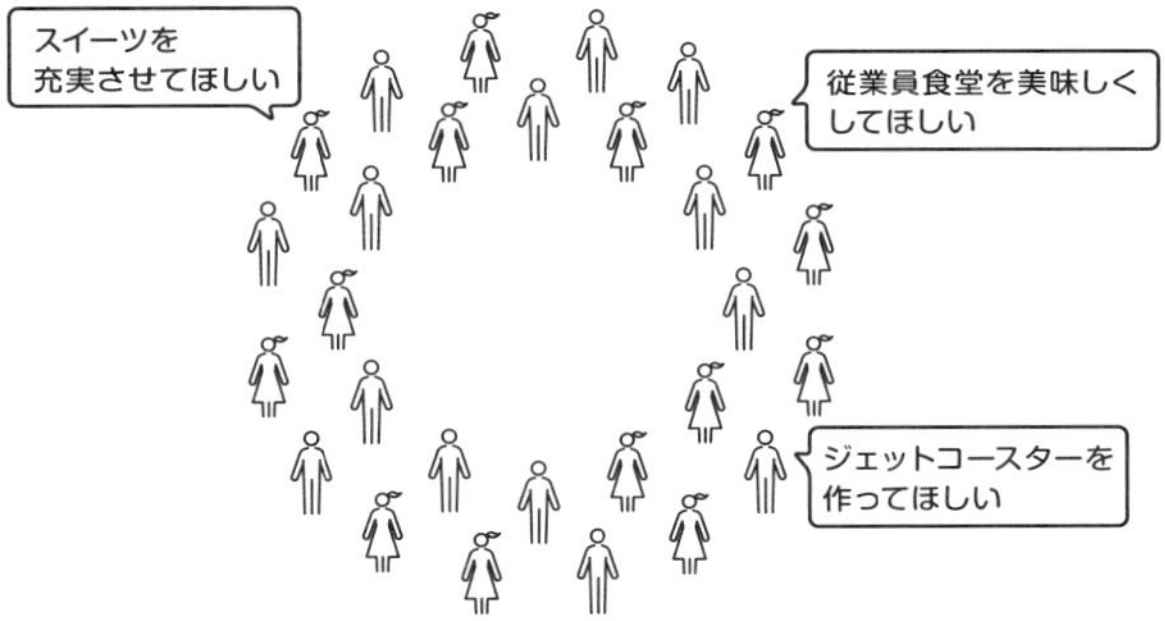

現場の声を聞くことで
一人ひとりのモチベーションを高める

この五問をみなさんに聞いたのです。返ってきた答えは全て大変な宝物でした。絶対ピューロランドはよくなると思いました。なぜならみんなピューロランドのことを思っているのですから。みんなピューロランドのことをしっかりと見ていて、どこがダメか、どうしたらいいかも考えていましたし、アイディアもたくさんありました。

表現はさまざまです。また四十、五十代くらいの男性だと、言葉としてはあきらめとも受け取れる言葉も出てくるのですけど、期待の裏返しのようにも私には見えました。本当はピューロランドが好きなのに、照れがあって素直に言えないのです。

一方でストレートに「私はピューロランドが本当に大好きで」と言う人もいました。「どうして、辞めなかったの？」と聞くと、「本当はピューロランドが好きなのに辞めていかなければならなかった人たちをたくさん見たから、自分だけは絶対に最後の一人になるまでいようと決めていた」と答えた人もいました。私は本当に感動したものです。

そうしているうちにみんなが考えていることや、みんながピューロランドを本当によくしていきたい人たちの集まりだということがわかり、この人たちが力を合わせたらピューロランドは絶対によくなっていくと確信しました。

育児休暇を終えて現場に戻ってくれた三十代のベテラン女性スタッフは次のような感想を話してくれました。

「復職後、すぐに参加した対話フェスのときに印象に残っているのが、一人ずつ発言をしていくことでした。大きな円になって、ピューロランドがどんな風に変わってほしいか、変えたいところはどこかというのを一人ずつマイクで話していったのです。みんな好きなように『従業員食堂をもっとおいしくしてほしい』、『スイーツを置いてほしい』とか、『館内にジェットコースターを作ってほしい』などと話しました。そのときのグループは六〇人くらいでしたでしょうか。一人ずつマイクを持ってみんなが声に出して発表していきました。これは本当に画期的なことで、ピューロランドが変わるんだろうなと実感しました。現場の声を聴いてもらえるんだ、私たちも話していいんだ、声を出していいんだと感激しました。そんなことは、これまでになかったことでした」

成長を止めていた二つの「わからない」

赴任後のヒアリングと「対話フェス」を終え、社内の空気ははっきりわかるくらいに変わっていきました。

それまでスタッフの心の中には、来場者数が低迷していても「何からやればよいのかわからない」、そもそも「やっていいのか」「言い出していいのか」すらわからない、という雰囲気があったということに気付かされました。

四十代男性社員はこう打ち明けてくれました。

「今まではトップダウンで全部が決まる構造になっていた。たとえば館内の設備やグッズなどのデザインについては、役職者に決定権があった。もちろん、〝おじさん〟の一存で決めているから、若い感性を持った人とズレが生じてしまうことがよくある。でも、部下としては、そんな指摘すら言い出せない。それまでずっとトップダウンの組織の中で働いてきたので、『言っちゃいけない』という諦《あきら》めが蔓延《まんえん》していました。それが業績の悪化に直結していたんでしょう」

彼は、対話フェスの実施を大変喜んでくれました。それはその社員だけでなく、多くの社員の気持ちだったと思います。

そもそも、赤字が続いていた時期は、社員旅行など社内行事の実施すら厳しいものです。もちろん赤字ですから「やりましょう」とも言い出せない雰囲気です……。

そのような環境の中では、働く一人ひとりも組織全体も、健やかに成長ができるわけがありません。

そこで行われた「ヒアリング」、そして「対話フェス」は、話をしたことがすぐに形にならなかったとしても「ピューロランドはよくなっていく」という予感を持ってもらういい機会になったと思います。その予感は、おそらく「希望」になったのではないか、と思います。

私は、スタッフにモチベーションを取り戻してもらうための日常的な方策を探し求めるようになりました。

経営状況が厳しいからこそ人への投資！

業績が低迷している時期に、いったい何をすべきか。

経営状態が決してよくない当時、私は「人」に時間とお金と手間を〝投資〟することが成功への最短ルートだと考えていました。

「人には無限の可能性がある」というのが私の信念です。ピューロランドで働いてくれているアルバイトスタッフには申し訳ないのですが、決して時給が高いわけではありません。むしろ本当はもっと出してあげたいと思うような時給にもかかわらず、アルバイトスタッフの多くは「ピューロランドでアルバイトをしたい」と言って来てくれている。その時点ですでにモチベーションのベースは十分だと言ってよいはずです。

そこからどれだけスタッフを伸ばせるかは、組織の力、私たちマネジメントをする側にかかっていると言えるでしょう。

このお話をすると、しばしば、次のような反論をいただきます。

「わかっているけれど、時間がないから難しい」

「お金がないのに、無理」

むしろ、時間もお金も苦しいときほど人に投資をするべきだと私は思います。なぜなら、数年後に大きなリターンとなって必ず戻ってくるからです。

経営状態が苦しいとき、研修や社内環境にかける経費は削減の対象となる場合が多く、ましてやサービス業であれば、まずはお客様を集めることに予算が使われる、その優先順位は仕方ないことです。スタッフへの教育に必要性は感じつつも、後回しにせざるを得ないのが実情だと思います。ところが、そこを思い切って「スタッフ」にお金をかける。**実際にかけるのはお金であっても、会社としてかけているのは「期待」であり、これは「未来への投資」なのだ**、と覚悟を決めなければならないときもある、と思いました。現実に、この覚悟が形になるまでは、それなりの壁がありました。特に、お客様と接するポジションにいるスタッフ向けには、連日短い研修を繰り返す、という一見無謀な計画を打ち出したのですから反対意見があって当然でした。

でも、私には確信があったのです。

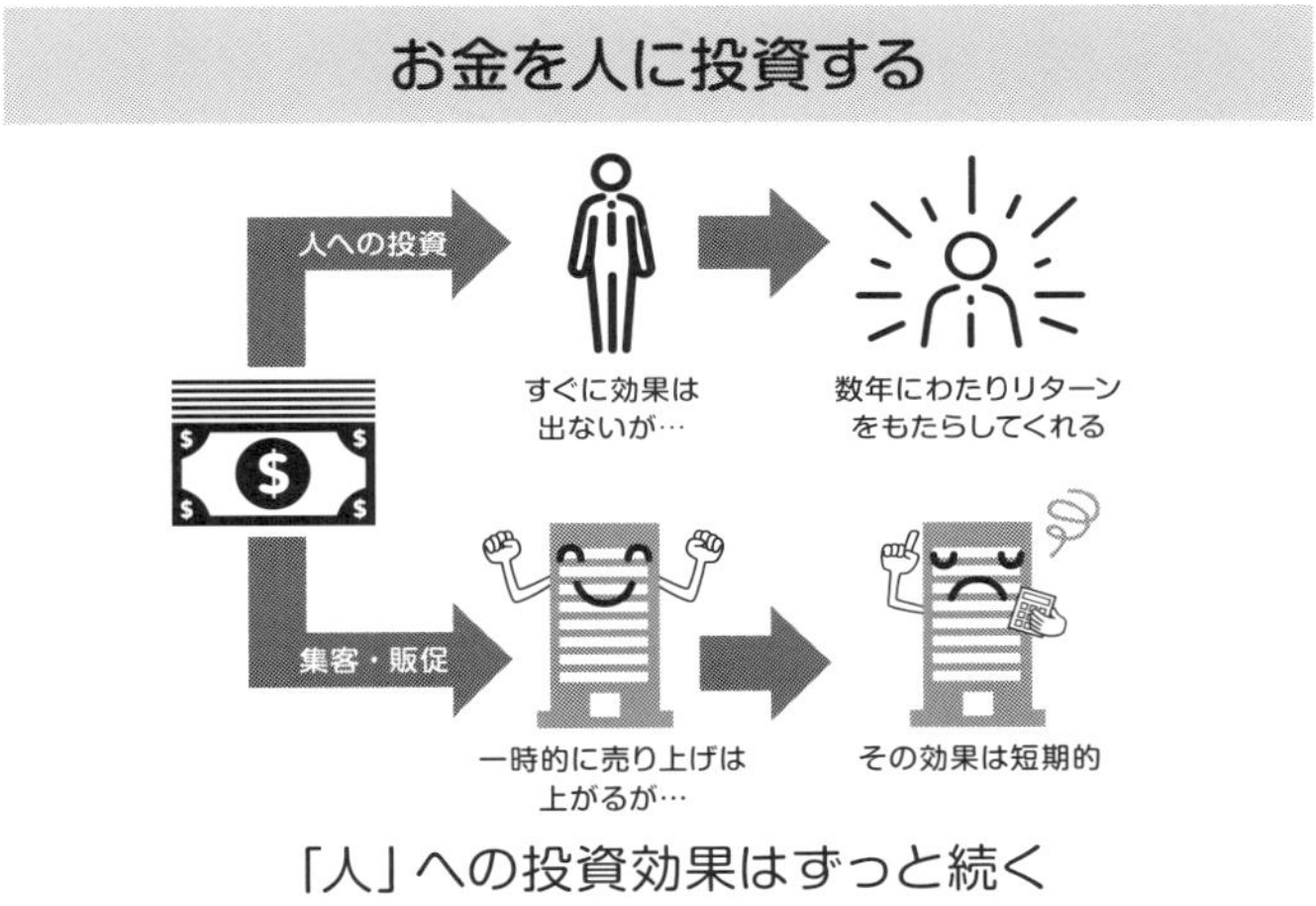

決して大げさな話ではなく、「人」には無限の可能性があります。最初はできなくてもやがてできるようになり、ゆくゆくはちゃんと結果を出してくれるようになります。お客様にいい接客をして、ちゃんとファンを作ってくれます。

たとえば一人のお客様を呼び込むために三〇〇〇円の〝経費〟を使うなら、一人のスタッフの研修や教育に三〇〇〇円を〝投資〟したほうがよいと考えました。特に私たちのようなサービス業においては、そして、赴任当時のピューロランドでは、その重要性は明らかでした。経費と投資のどちらを選ぶかを見極めることはとても大切なのです。

古株の社員たちからこんな話も聞きました。

「会社の業績が悪化したとき、真っ先に削減されたのが『人件費』と『教育費』『清掃費』『設備の修理費』など人とモノのメンテナンス系の部分でした」

ピューロランドでも、やはり、そうだったのです。

業績が回復したおかげで、今では人件費も清掃費も捻出できるようになっています。そして教育費もしっかりと確保できるようになりました。

では、「人」に投資をするというのは、どういうことなのでしょうか。人に対する投資には当然、コストがかかります。実際、「朝礼」を行う際には莫大なコストがかかります。

朝礼に参加する全スタッフに、その時間分の時給を支払わねばならないからです。

単純計算ですが、全スタッフに15分早く出社してもらうため、人件費は数百万円とかかってきます。

それは私たちピューロランドにとって「投資」でした。

スタッフはアルバイトであったとしても、強力な潜在顧客です。ピューロランドが好きだからこそ働きに来てくれているのです。だから、仕事を通じてもっと好きになってもらえれば仕事を辞めた後でも、お客様として来てもらえる可能性があります。

私たちがスタッフにできる限りの投資を行うことは、将来の強力なお客様を作っているということでもあり、その世代のトレンドを知る貴重な情報源でもありました。

だから、スタッフに粗雑に接したり、愛情を注がなかったり、教育や研修を行わない姿勢は、「お客様をみすみす失っていること」と同じことなのです。

朝礼の「中身」は自分たちで考える

「報酬」には、よく知られているように二種類あります。

一つは「金銭報酬」で、もう一つは「意味報酬」です。

仕事をすることによって、

「学べる」

「技術が身につく」

「ホスピタリティを体得できる」

「人間関係を新しく築ける」etc……。

これらが意味報酬です。

金銭報酬と同様に意味報酬を充実させることも、スタッフへの恩返しになるのではと考えました。

その結果、私たちはさまざまな施策を行ってきました。

たとえば、就職を控えた大学生のアルバイトスタッフ向けに行う模擬面接の練習。また、アルバイトスタッフ向けの感謝デー「ピューロフレンズサンクスデー」というものもあります。営業時間後に社員がイベントを開催して、おもてなしをするというものです。

このような施策を通じて、社員からアルバイトスタッフへ、できる限りの「感謝」を形にしていくことで、アルバイトスタッフと社員の溝は次第になくなり、双方のモチベーションが上がっていったのです。

そんな流れの中で、朝礼の形をとった研修の習慣化は当初は実験的に始めたものの、やがては定着し、ピューロランドのサービスを支える柱になる、と次第に確信を深めていきました。もちろん、コストが馬鹿にならないので、なるべく効果を上げられるよう「研修」の色合いの濃い朝礼を目指しましたが、プログラムを外注化することはせず、最初は私自身が、やがてはスタッフたちが積極的に参加し企画するようになりました。

ただし、私が毎日、繰り返し講師を務めるのは時間の制約上、不可能だったので、講師を務めてくださる方を外部からお招きしました。当時は、その講師の方と連日研修のプログラムを練り、実施しては反省点をフィードバックし、また練り直すといった作業を重ねていました。

外部から来て、連日何度も何度も何百人ものスタッフに対して繰り返しこの朝礼を行うことは、とても大変なことだったと思います。私でさえ、「外から来て何も知らないくせに」というアウェイ感を感じていた頃です。その講師を引き受けた方は、朝礼で今やっているプログラムを納得していただくために、会議などで現状できていないことを指摘せざるを得ない場面もあり、反発を買うことも度々あったと記憶しています。そんな中で根気強く周りを巻き込み、次第にスタッフたちの信頼を得るまでの一年半の苦労を思い出すと、頭の下がる思いがありますし、そういった、いろいろな方のお力添えがあってこその、今の朝礼があるのだな、としみじみ感謝の思いが溢《あふ》れてきます。

内部で全て回せるようになるまでに、二年程度かかるのでは、と思っていましたが、想定以上に内部スタッフの情熱とモチベーションは高く、一年半で研修の仕組みが軌道に乗ると、講師も内部のスタッフが務めるようになりました。

ベテランの三十代女性社員に後から聞くと、そのような試みは以前にもあったそうです。

「サービス向上委員会」というものを発足させ、定期的にスタッフが集まっていました。

ところが、立場の異なるスタッフ間で足並みがそろわず、どうしてもうまくいかなかったそうなのです。

「同じ土俵で接客について話ができなくて途中で断念しました」と、その社員は当時の無念さをにじませながら教えてくれました。

スタッフのやる気や満足度を高める

また、スタッフ一人ひとりが自発的に動きたくなるような環境づくりにも心を砕きました。

つまり、仕事への動機や仕事が終わった後の満足度を高めるための土台づくりです。

ヒアリング、対話フェス、朝礼、アルバイトスタッフへの感謝デー等の研修や施策の狙いはそこにありました。

結果、予期せぬ面白い現象が起こりました。

スタッフと対話する

スタッフとの対話は「聴く」ことに注力

離職率が下がり、いったん辞めたスタッフが職場に「出戻る」ことが増えたのです。ピューロランドを「ふるさと」と捉えてくれるスタッフが増えたようでした。

たとえば、アルバイトを卒業して就職した新社会人を姉に持つAさんという女性がいました。Aさんとお姉さんは、二人揃ってピューロランドで働いてくれていたのです。

ところが、Aさんに「お姉さん、どう？　社会人、頑張ってる？」と声をかけたところ、「辛いと言っています、この間も泣いて帰ってきたんです」と言われました。

さらに「三カ月後にはピューロランドに戻るって言っていました」とのことでした。頑張ってほしいなと思いつつも、ピューロランドの経営者としては、これまでの施策を認めてもらえた気がして、少し嬉しくなりました。

また、私は特別なイベント以外でもスタッフとの対話を重視してきました。

今でもそうですが、勤務中のスタッフに、業務の支障にならない範囲で、とにかくよく声をかけさせてもらっていました。

たとえば、廊下を大きなモップでお掃除してくださっている「パーククリーン」という職種の年配の女性がいらっしゃいます。

その方がゆっくり床を掃除している姿を、後ろから拝見させてもらいました。「こうやってこんなに幅の広いモップでやるから、二往復するとだいたいこの廊下はきれいになるんだな」などと思いながら見ていると、廊下の突き当たりでとても上手に方向転換をしていて感心させられました。そのとき、そのスタッフは初めて私に気づきました。そこで私は「なるほど、こうやってやるんだなと思ってずっと見ていました。これで、おかげさまでいつも廊下がピカピカなんですね。この作業、結構面白そうですね！」って聞いたら「そうなの、面白いの！」と言ってくださいました。

お掃除の仕事を花形だと思う人は決して多くはないと思いますが、ピューロランドのパーククリーンのスタッフは、心から誇りを持って取り組んでいらっしゃるなと感じさせられると同時に、とてもありがたく思いました。

その女性に限らずですが、**どのスタッフもみな、心の根っこまでホスピタリティの精神に満ちていて、仕事への情熱を秘めていると感じるシーンがこれまで、多々ありました。**

このようにして、赴任して以来、私は多くの方々の声を「聴く」ことを習慣にし、そこからたくさんのヒントとモチベーションをいただいてきたのです。

第2章

会社を変えた朝礼の力

一〇分の朝礼を一五分毎に一日のべ十二回

このように、「聴くこと」を主眼に置いた施策を数多く試みていった中で、ピューロランドの朝礼も始まりました。

まずは歴史を振り返りつつ、その具体的な内容についてここでまとめておきたいと思います。

ピューロランドがオープンしたのは一九九〇年一二月のことです。

オープン直後こそ好調な滑り出しでしたが、間もなくバブルが崩壊してしまいました。来場者は初年度の一九五万人をピークに年々下降の一途を辿《たど》りました。慢性的な赤字が長らく続き、やがてサンリオのお荷物とも言われるようになります。

そんな中、本社のグループ企業で女性活躍支援をしていた私が、二〇一四年六月にピューロランドに赴任。ヒアリングなど、社内の声を「聴くこと」に注力し、同年九月から「朝礼」を始めます。

約一〇分の朝礼を一五分ごとに連続で実施しました。回数は日によって多少変わりますが、**概ね一日に十二回前後。**ですから、朝礼が行われる時間帯をトータルで見ると、オープンの一時間前から午前十一時までの約三時間。なんとも長丁場になります。

曜日や時間帯によって集まるスタッフは変わります。一回に集まる人数は三〇人以上のときもあれば、一〇人弱程度のこともあります。

とにかく**「その日のシフトに入ったスタッフ全員が参加する」ことが決まり**です。参加するスタッフは、社員とアルバイトから構成されます。二～三分間の「アイスブレイク（緊張緩和）」と、約七分間の「本編」とに分類されます。これらは全て、データとして記録され、週に一度（朝礼に参加をしていない部署も含め）全社員にメールで送信され、共有されます。

二〇一九年二月のある一週間の記録を抜粋してみましょう。

ピューロランドの「朝礼」について、まずはざっくりとイメージをしていただければと思います。

【朝礼　週間報告】

二月四日〔参加＝社員三十二名・ＰＦ九十八名〕〔内容＝ゲストからのクレームを考えよう〕
二月五日〔参加＝社員三十四名・ＰＦ百四名〕〔内容＝免税の仕組みを知ろう〕
二月八日〔参加＝社員二十八名・ＰＦ百五名〕〔内容＝エマージェンシー基準確認・地震の初動確認〕
二月九日〔参加＝社員十名・ＰＦ百二十九名〕〔内容＝体を起こして気持ちよく働こう※コスチューム課によるピューロルックチェックあり〕
二月十日〔参加＝社員十九名・ＰＦ百二十一名〕〔内容＝チケットに隠されている秘密〕
（ＰＦ＝ピューロフレンズ。アルバイトスタッフの呼称）
「アイスブレイク」「本編」の内容については、追って詳しくお話しします。
このような朝礼を毎日欠かさず行うことで、いったいどのような変化が現れたのか。組織が変わることができたのか。事例を交えながら、朝礼のメリットについて見ていきたいと思います。

朝礼の構成要素

時間	区分	内容
2〜3分	アイスブレイク	・1日1題 ・一人ひとり質問に答える ・例「最近笑ったことは何ですか？」
7〜8分	本編	①館内の情報共有 ②接客のスキルアップ ③モチベーションアップ ④防災

（全体：10分）

毎日モチベーションの火をつける

「毎日同じこと」を新鮮な気持ちで継続するのは、本当に難しいことです。

ですが、朝礼の効果を得るためには、毎日根気強く続けることが何より大事です。私は当初からそう考えていました。

もちろん、「今日は特例としてやらなくてもいい」という理由は、いくらでも思いつきます。「ゴールデンウィークでお客さんが多いから」「年末年始で忙しいから」「朝礼に参加する時間があるなら、他の業務をしたい」ｅｔｃ……。

このような朝礼への反対理由があることも承知していました。どの部署も忙しいのですから、これらの気持ちはよくわかります。ですが、いずれも合理的な反対理由とはなりません。なぜなら、ピューロランドの現場は常に変化をする生きもののようなものだからです。現場に出てお客様と実際に対面をするスタッフは、常に入れ替わります。提供するサービスも、イベントの内容も、日々変わります。むしろ、「変わるからよい」という側面だってあるでしょう。だからこそ、「一カ月に一回」「一週間に一回」では、追いつかないのです。朝礼を行う頻度が少ないと、「朝礼に参加した人」と「参加していない人」とに分かれてしまい、提供するサービスに差が出てしまうことになります。しかし、スタッフによってサービスにムラがある、というのは大問題です。

お客様からしたら、コスチュームを着て立っている人は、皆ピューロランドのスタッフであって、「今日、初めて現場に立つんです」「まだ新人なんです」といった言い訳は通用しません。

もちろん踏み込んだことを言えば、「働き始めて一カ月目のスタッフ」と「勤続二年目のスタッフ」とでは、知識の量もサービスの質も異なります。でも、お客様から質問をいただいたとき、回答そのものの知識は不十分だったとしても、どのような言葉、姿勢で「申し訳ございません。わかりませんので、ただいま確認してまいります。少々お待ちいただけますでしょうか？」とお答えして、次の対応をとれるのか。そのような部分も、朝礼があればフォローができるはずなのです。

ですから、私は「朝礼の質を上げる」という大きな目標を掲げつつも、**「どのようにマンネリ化せずに継続するのか」という方向でも、考えることを続けてきました。**

マンネリ化を避けるには、「外部に注目されるような機会」を定期的に作るのもいいことです。

たとえば、サンリオ本社から積極的に見学に来ていただいたり、他の会社からの朝礼見学ツアーをコンテンツにしたり、メディアからの取材の要請があれば喜んでお応えする、などです。それらは朝礼に参加するスタッフにとって、大きな刺激となり、モチベーションを継続させることに直結します。

毎朝一〇分という時間を「面倒くさい」と感じたり、「会社がやれと言っているからやらなきゃ」というような義務感が生じたりする瞬間に、朝礼が本来持っているパワーは目減りしてしまいます。ですから時々、外部からの「目」を入れることも戦略として取り入れるようにしてきました。

最近、ある取材でこう聞かれたことがありました。

「小巻さんは、心理学にお詳しいと思います。新しい何かを習慣化させて効果を得ようとしたとき、『毎日、続けたほうがよい』という学説はあるのでしょうか？」

私は「もちろん！」と即答しました。しかし、過去の学説や研究等をひもとくまでもありません。**諺《ことわざ》にもある通り「継続は力」なのです。**

人は、環境や意識や努力次第で、無限に成長することができます。しかし残念ながら、人は「忘れる動物」でもあります。たとえば、朝礼で「笑顔になるワーク」を行い、笑顔の重要性を十分に認識したとしても、その後、何百人ものお客様を接客し、慌《あわ》ただしい時間を過ごしているうちに、意識は薄らいでいきます。

だからこそ、翌朝にまた気持ちをリセットするという意味でも、朝礼は不可欠なのです。

朝礼で笑顔を思い出す

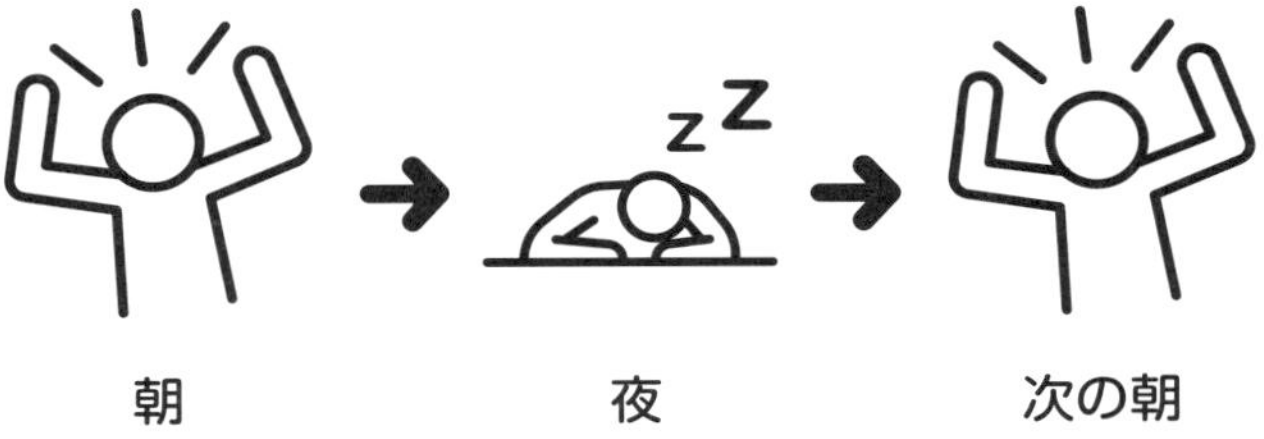

毎朝気持ちをリセット！

スタッフの気持ちを見える化し組織強化

なぜ、朝礼が必要なのか。朝礼の効果とも言えますが、一つには朝礼を習慣化することで、スタッフの秘めている気持ちを見抜き、早めに手を打つことができるようになります。

ビジネスの現場で働いている限り、「自分の気持ちを全て開示する」ということは非常に難しいことです。

もちろん、スタッフ全員が「自分の気持ちを全て開示する」ようになると収拾がつかなくなります。しかし現状への不満や要望などがあれば、早めに適切な担当者に伝えて対処したほうが、よい結果をもたらします。

そこで、スタッフの気持ちを「見える化」してくれる、朝礼のような仕組みが重要になってくるというわけです。

朝礼という場があることで、スタッフは自分の思いをかなりの程度まで吐露することができます。朝礼がスタートするまでに、「昨日は大変なことがあって」「今日も忙しくなりそうだね」と言葉を交わすだけで、スタッフ間で連帯感が生まれます。

管理職であれば、そのような会話を横で聞いているだけでも、抱えているスタッフに今日一日、どのような声掛けや対応をすべきか、よい方策が浮かんでくることでしょう。

また、朝礼時に場を取り仕切る「トレーナー」の存在も大きいものです（トレーナーは、持ち回り制で社員が務めます）。何度か顔を合わせているうちに、信頼関係が構築されます。直属の上司とはまた違う人間関係です。直接的な力関係、利害関係がないからこそ、自分の気持ちを打ち明けることもできます。

実際にトレーナーを務める三十代のベテラン社員Kさんは今までに数多くの相談を受けています。

たとえば、所属部署の人間関係や業務内容のことなど。

直属の上司に面と向かって言いづらいことでも、トレーナーになら話せる、という側面もあるのです。

Kさんは「職場の母」と形容してもよいくらい、多くのスタッフに慕われる存在となりました。もちろん、それが一概によいことだとは言えません。

「相談役を務めるのは、Kさんの本来の職分ではない」という見方もできるからです。

建設的に考えるなら、Kさんのような「職場の母」的な存在を、他に何人も作ればよいのかもしれません。

「私は卒業（退職）をするけれど、自分の所属先のエリアにもっとよくなってほしいから、Kさんに改善策を伝えさせてください」

Kさんによると、そう前置きして、貴重な声を聴かせてくれたスタッフもいたそうです。

本来であれば、退職前にその声を吸い上げることができれば理想的だったでしょう。

しかし逆に言うと、スタッフの気持ちを「見える化」したり、声を吸い上げたりすることは、それほど難しいものなのです。

Kさん自身も、そういった経験を通して、これまでにはない気づきを得て自分自身、スタッフ、そしてピューロランドに対して可能性を強く感じ、信じられるようになった、と言います。

ともあれ、朝礼がスタッフの気持ちを吐露したり、SOSを発信できたりする場であることは、疑いようのない事実です。そのような場を全く新規に設けたことも、ピューロランド復活の一助になったと思っています。

朝礼のメリット①モチベーションアップ

朝礼のメリットについて、ここから一つひとつ見ていきましょう。

朝礼を習慣化する長所として、まず参加者のモチベーションが上がることが挙げられます。

ピューロランドの朝礼は、上意下達型ではなく、参加型です。そのため、スタッフはインプットをするのみならず、自分から積極的にアウトプットをする必要に迫られます。

最初の約三分間の「アイスブレイク」で、自己紹介をします。名前や、その日にピューロランドのどこで仕事をするのか、そして、毎日何か一つ、クスッと笑えるようなお題を用意して自己紹介をしてもらうのです。「好きなキャラクターは○○です」といったように、自分について相手に知ってもらうことを一つ言ってもらうことで、照れ笑いや、「おんなじ～」といった笑いが生まれます。こうして、与えられることをただ待ち続けるような「受け身」から脱却することからスタートします。

頭にも心にもスイッチが入り、「今日も一日、明るく前向きに頑張ろう」という前向きモードに切り替えることができます。声を出して笑い合い、他のスタッフとコミュニケーションをとることで、モチベーションもアップします。この効用は、大きなものだと言えるでしょう。

私は今まで、研究も兼ねて、さまざまな組織の朝礼を実際に見てきました。

一般的な朝礼の場合、「一方的に情報をインプットする」という性質が強くなります。「上役が伝える言葉を、必死にメモして終了」というスタイルも、決して珍しくありません。むしろそれが王道と言えるでしょう。

ただ、人間というのはインプットだけでなく、自分から能動的にアウトプットも行ったほうが知識やスキルを習得しやすくなることが多くの事例でわかっています。

また、アウトプットをすることで、感情も活発に動き出します。**アウトプットこそ、モチベーションを上げるための「スイッチ」なのです。**

また、「能動的にアウトプットできること」は、ビジネスの現場において大きな強みになります。平たく言うと、「言われたことをするだけでなく、気が利く人になれる」ということです。

たとえば、朝礼でインプットした（見聞きした）ささやかな情報をもとに、直接指示されてはいないけれども、新しい行動をとれることがあります。

「今日は寒いですね」という一声をきっかけに、「持ち場に帰ったら、ヒーターを入れるように相談してみよう」と気付いたり、少し上の立場のスタッフであれば「うちの部署は特に寒いから、ホカロンを配れないだろうか」と上役にかけあったり、「コスチュームとして、お揃いのカーディガンがあれば便利だろう」という発想を得て提案をしたり……。

つまり「寒い、寒い」と受け身で震えているだけではなく、「自分から何ができるだろうか」と考える癖がつくのです。

このようなアウトプット体質は、一朝一夕に得られるものではありません。毎日朝礼に参加してこそ、養われるものです。

毎日、朝礼を運営しているうちに〝わかるスタッフ〟は日増しに多くの事に気付くようになってくれます。

「私たちは、朝礼に参加させられているのではない。これは自分たちに〝投資〟をしてもらっているのだ。もっと成長できるように、期待をしてもらっているのだ」

このような気付きを得たスタッフは、目覚ましい変化を遂げていきます。

実例を挙げてみましょう。

最近のことですが、「館内のどこが〝危ないスポット〟か、小学生の目線で調べてみました」というレポートを出してくれた有志のスタッフたちがいました。

これは、まったく自発的な動きでした。

私や他の社員から業務としてお願いしたわけではありません。

スタッフたちが「自分に何ができるか」を考え、「ピューロランドをよくするために何かをしたい」「お客様のお役に立ちたい」という純粋な動機によって行われたものです。その気持ちが嬉しくて、私はとても感動しました。

もちろん、「ピューロランド」という〝ハード〟をどのように改善、改良していくか、大枠のフレームを考えるのは私たち運営サイドに課せられた使命です。

居心地のよい施設を目指して、運営チームを中心として日夜検討を重ねています。とはいえ予算には限りがあり、施設全体を大がかりに改修することは難しいことです。ですから、「人の優しさ」で、こまやかに、臨機応変にフォローをすることが必要になってきます。

そのような局面で、モチベーションの高いスタッフがいてくれることは、本当にありがたいことなのです。

たとえば、私たちピューロランドは、車椅子に乗ったお客様にも多くご来場していただいています。

車椅子ご利用の方優先のエレベーターはあるのですが、混雑時にはお待たせする状況も出てきています。

「他のエレベーターをこう変えれば、車椅子をご利用の方にも待ち時間が少なく使っていただけるのではないか」

「こう改良すれば、よりスムーズな動線でご案内ができるのではないか」

このようなアイディアを出してくれる熱心で優秀なスタッフが存在するのです。それは現場に精通したスタッフならではの〝知見〟であり、このようなスタッフたちは、ピューロランドにとって宝と言えるでしょう。

朝礼のメリット②接客のスキルアップ

朝礼を習慣化することの最大の目的は、何と言っても「接客のスキルアップ」です。接客の基本は、まず「笑顔」にあります。お客様を実際に接客しているときは、みんな素敵な笑顔ができていますし、明るい表情で親切にお話ができています。そのレベルは、お金をいただいて働いている〝プロ〟ですから、当然、誰でもクリアできていなければなりません。

しかし、プロにもランクがあります。超一流のプロは、お客様がいらっしゃらないところでも明るい笑顔でテーマパークの世界観を体現します。

たとえば、バックヤードから自分の持ち場まで移動するときだって、全く気を抜きません。たとえ従業員用トイレの中ですれ違っても、優雅な物腰で、魅力あふれる笑顔を返してくれることでしょう。

しかし、ピューロランドを見ていると、なかなかその域に達していないスタッフも残念ながら散見します。特に、要注意なのが「移動中」です。

本人は勤務中ということで緊張もしていることでしょうが、どうしても「真剣すぎる表情」に見えてしまうのです。

そして、真剣すぎる表情は、なんだか怖く見えることもあります。

では、どうすれば「笑顔」をナチュラルにキープできるのでしょうか。

そもそも笑顔とは、「テクニック」でどうにかするという性質のものではないはずです。研修などでよく取り上げられるメソッドとして「口角を上げれば笑顔になる」というものがあります。もちろん、この方法はある程度有効です。ですから朝礼でも、同様の取り組みをしています。最後に皆で「キティ、大好き！」というフレーズを唱えるのです。「キティ」も「大好き」も、母音が「い」で終わります。すると、自然に口角が上がり、自ずと笑顔になれます。

けれども、本質的なことを言うと、心から「楽しい」と思ってその場に身を置いていれば、自然と素敵な笑顔が生まれ、持続するはずではないでしょうか。

ですから小手先の技術を教えるだけではなく、**「心から楽しいと思える環境」を組織は用意すべきなのです。**そのような意味では、「朝礼のプログラムとしてゲーム性の高いワークを行い、心から楽しんでもらうという試み」は、非常に理にかなったものだといえます。

また、笑顔に次いで大事な非言語情報が、「姿勢」や「態度」です。

これらも接客の土台となります。ですから、朝礼では「姿勢」「態度」について、直接教えるようなプログラムも実施してきました。

このような非言語情報にまつわるスタッフへの研修・教育は非常に大事です。ただ、それをそれぞれの所属部署で指導し始めると、結果がバラバラになってしまうことがよくあります。所属先のカラーが出すぎてしまうことがあるのです。

朝礼で同じ指導方針で伝えると、「笑顔」「姿勢」「態度」をよい方向に均一化させることができます。

スタッフの数が増えれば増えるほど、「均一化」は大きなテーマになってきます。

お客様の立場からすると「いつでも均一な態度」で接してもらえたり、「均一な気配り」を提供してもらえたりするのは、重要なことです。また、それが安心や信頼につながることでしょう。

それを実現するために、ピューロランドでは「サービス理念」を掲げています。これは運営上の原則であり、全社員に共通する心構えです。

スタッフ全員が大事にしている、この理念のアルファベットの頭文字をつなげて「SCENE」と呼び習わしています。

実は朝礼を習慣化する前と後で、この「SCENE」は大きく変わりました。

二つを比較してみてください。

まず、古いバージョンの「SCENE」です。


【旧バージョン】

①「Safety」……安全性
②「Communication」……コミュニケーション
③「Entertainment」……おもてなし、楽しみ、喜び
④「Narration」……話すこと、物語ること
⑤「Efficiency」……効率

朝礼を習慣化する前は①「Safety」（安全性）と、⑤「Efficiency」（効率）が重視されていました。

しかし、この二点を主眼に置くと、どうしても緊張感が強くなったり、目が厳しくなったりしてしまうのです。

ですので、これらを朝礼導入後に刷新しました。

【現バージョン】

①「Smile」……笑顔を意識する
②「Communication」……自ら進んで関わりを持つ
③「Entertainer」……周りを楽しませる人になる
④「Nakayoku」……チームワークを大切に
⑤「Enjoy」……この場を楽しむ気持ちで！

注目していただきたいのは「Safety」（安全性）から「Smile」（笑顔）への変更と、そして「Efficiency」（効率）から「Enjoy」（この場を楽しむ気持ちで）へ、という変化です。

「安全性」は、心構えからあえて外しました。「安全性の担保は、テーマパークとして大前提である」という理由により、発展的に解消させたのです。

このように「心構え」を改革することができたのも、朝礼の賜物でした。

「自分が楽しむこと」「周りを楽しませる人になること」「笑顔を意識すること」。これらに理念をシフトさせ、朝礼でコミュニケーションを深めた結果、スタッフのナチュラルな笑顔が増え、接客のスキルも上がっていったのです。

朝礼のメリット③問題意識のアンテナが磨かれる

朝礼の大きなメリットとして「スタッフの問題意識のアンテナが磨かれて、情報収集上手になれる」ということがあります。

管理職や役職者ばかりではなく、現場に立つスタッフが高い問題意識を持っていることは組織にとっての強みになります。

その波及効果は、ささいなものに見えるかもしれませんが、積もり積もれば組織全体の印象を好転させるほどの影響力を持ちます。

心構え SCENE

	旧バージョン	現バージョン
S	Safety 安全性	Smile 笑顔を意識する
C	Communication コミュニケーション	Communication 自ら進んで関わりを持つ
E	Entertainment おもてなし、楽しみ、喜び	Entertainer 周りを楽しませる人になる
N	Narration 話すこと、物語ること	Nakayoku チームワークを大切に
E	Efficiency 効率	Enjoy この場を楽しむ気持ちで！

大前提である安全性はあえて外す

たとえば、スタッフの問題意識が磨かれることで、「型」を超えた温かい接客ができるようになり、新たにコアなファンの獲得につながることがあります。

仕事を終えて、駅まで女性アルバイトスタッフのFさんと歩いていたときのことです。「最近どう？」と声をかけると、「朝礼のおかげで、本当にすごく楽しいです」と返してもらったことがありました。

「朝礼では、どんなことやったらいいと思う？」と尋ねると、「やっぱりダンスを教えてもらうプログラムは楽しいです」と明かしてくれました。

「ダンサーさんから踊りの振り付けの一部を教わる」というプログラムは、好評だと聞いてはいましたが本当に楽しそうに話してくれたFさんの様子から私も気づくことがありました。

「振り付けの一部を教わる」といっても、本格的なダンスではありません。お客様がすぐに真似して踊れるような、非常に簡単なパートだけを、ピンポイントで踊れるようになるという趣旨のプログラムです。

もちろん、ダンサーではないエリアのスタッフが踊れるようになったからといって、売り上げに直接的に貢献できるわけではありません。

「実際にステージに立つわけでもないスタッフが、長い曲のほんの一部分を踊れるようになったからといって、いったい何のメリットがあるのか」

そんな見方もできるでしょう。

ただ、「スタッフみんなで、同じ体験を共有すること」は、心理学的に見ても非常に大事なことなのです。

心理学の用語で「ミラーリング効果」という言葉があります。

「自分と同じような仕草や表情を行う相手に好感を抱く」。人にはそのような心理があることが、既にわかっています。これは「ミラー効果」「同調効果」「姿勢反響」などとも呼ばれます。

平たく言うと、**「自分の仕草を真似る人は、仲間であり味方である」と、無意識のうちに認識されることになります。**

ですから、皆で同じ仕草（振り付け）を共有することは、組織の結束力を高める上で非常に大事なのです。

もっとも、このようなアカデミックな事例を持ち出すまでもなく、スタッフの皆が憧れのダンスの一部を踊れるようになって「嬉しい」「楽しい」という気持ちを持てたとしたら、それは素晴らしいことです。

また、お客様の気持ちもよくわかるようになります。その結果、「このダンスをもっと広めたい、このシーズンのイベントをより一層盛り上げたい」といったプラスの方向に、スタッフ全員の心がまとまっていくのです。

ダンスのエリアから遠く離れたレストランや売り場のスタッフにとってみても、それは同じことです。

お客様と言葉を交わすときも
「今、一階のエンターテイメントホールでは、こんなことをやっていますよ」

「新しいパレードのテーマは〝奇跡（ミラクル）〟なんです」

そんなお声がけをして、より温かいコミュニケーションができるようになることでしょう。

つまり、朝礼という場で「ダンスの振り付け」を皆が共有する（情報を収集する）ことで「ピューロランドを皆で盛り上げよう」という雰囲気が一気に醸成されるというわけです。

もちろん、「ダンスを覚える」というプログラムだけにこだわる必要はありません。

隣にいたスタッフと、ほんの一言、言葉を交わすだけでも、それは立派な情報収集になります。

「レストランが改装したばかりで、大変なんです」

「新しいグッズがお店に並びましたよ。かわいいですよ」

「昨日はお客様が特に多かったらしいですね」

そんなちょっとした〝雑談〟レベルであったとしても、ピューロランドに関連する情報を出勤してすぐに知ることができるというのは、大きなメリットです。

また、管理職にとっては、「世代のかけ離れたスタッフの状況を、朝礼に参加するだけで把握できる」という点も魅力です。

「今月は大学の試験があるので、ちょっと忙しくなりそうです」

「就職活動が始まっているんです」

そうした、直属の上司にあえて言うまでもないような事柄も、「気軽に話せる」というスタッフも増えてきました。

ですから、管理職は朝礼に出ることで、若い世代から半ば自動的に情報を収集できるというわけです。

そのような損得勘定抜きにしても、世代や部署を越えて連帯感を育《はぐく》む朝礼という場は素晴らしいものです。

最大のメリットは「情報を収集することで、スタッフが成長できる」ということでしょう。

人は、他の人の言動を見聞きして、そこから学びを得ています。

たとえば「今日は、このプログラムをやりましょう！」とトレーナーが言ったときの反応一つにしても、スタッフたちは互いに何かを感じ取っているはずです。

また、プログラムを実践するうちに、さまざまな感想を抱くはずです。

「Aさんとは初対面だけれど、笑顔が自然で素敵だなあ」

「Bさんって、こんなことに気をつけて接客をしているんだ」

「Cさんの立ち姿は美しい。私も真似して姿勢をよくしよう」

このように、人は気付きの数ほど成長をします。

そして、朝礼に毎日参加をすることで「ピューロランドをよくするためにはどうすればよいか」「自分自身をより高めるためにはどうすればよいか」といった二方向の問題意識をひとりでに磨くことができるのです。

朝礼のメリット④苦労を分かち合う連帯感

朝礼を始めてから、スタッフ同士の連帯感が強まったことを、ひしひしと感じるようになりました。

たとえば、すれ違う度に会釈や会話をかわしているスタッフの姿を目にすることが増えました。ひとことで言うと、バックヤードが明るくなったのです。

特に嬉しいのは、そんな仲良しグループを構成するスタッフのコスチュームが、それぞれ異なっていることです。

コスチュームが異なっているということは、つまり、所属のエリア（部署）が違うということです。それでも楽しくコミュニケーションがとれているということは、部署横断で参加している「朝礼」がきっかけで、仲良くなったということなのでしょう。

さまざまなコスチュームのスタッフたちが、談笑しながら和やかに食事をとっている光景も、何度も見かけるようになりました。

こんなことは以前では考えられなかったことです。

朝礼が始まる以前のスタッフは、「自分のこと、自分のエリアの仕事のことで、いっぱいいっぱい」というのが偽らざる本心だったと思います。

もちろん、現在もそのような状況は変わらないでしょう。むしろ、お客様の数が激増しているので、「いっぱいいっぱい」と感じる度合いは増しているかもしれません。つまり、スタッフ個人に求められるハードルは、確実に上がっているわけです。

しかしながら、表舞台はもちろん、バックヤードにも笑顔があふれている。それは、いったいどういうわけなのでしょうか。

答えは、スタッフ全員の「連帯感」にあります。ピューロランドは、社員が約二五〇〇人、アルバイトが登録者だけで約八〇〇〇人所属していますが、朝礼を通して皆がプログラムを共有することで、目標や希望も共有することができるようになり、「いっぱい、いっぱい」というネガティブな感情がいつしか打ち消され、「お客様に楽しんでいただくこと」をスタッフが楽しむという好循環が生まれているのです。

また、「苦労を分かち合えること」も、朝礼の大きなメリットです。

もう少し詳しく解説してみましょう。

目標や希望といったポジティブなことはもちろんですが、「苦労」というようなネガティブな事柄も、皆で分かち合い、共感し合うことで、大きな癒しや励まし、勇気となってくれます。

ですから、愚痴にならない程度に、適度な自己開示をすることは、非常によいことなのです。

「私の部署は○○○の時期は、大変なんです」

「今、○○○で困っています」

このような他部署のスタッフの声に触れられるのは、朝礼ならではの強みです。


たとえば、以前、レストラン所属の調理スタッフがこんな声を漏らしていました。

「私は、フライパンをずっと振り続けているので、よく手が痛くなるんです」

さっそく、所属先の担当者に相談をしましたが、そのような事実は同じエリアのスタッフでも気がつかなかったそうです。

状況を共有することで、思いやりのある声がけやシフトにも配慮が生まれていきます。


また、感動的な出来事もありました。

きっかけは朝礼中に交わした「仕事のピーク時間」についての会話でした。

「レストランは、ランチ時がピークです」

「ショップは、夕方がピークです」

そこで「では助け合いましょう」という流れになり、ショップのスタッフがランチ時にレストランのヘルプに入り、レストランのスタッフが、夕方にショップに赴き「品出し」を手伝ったのです。このようにして、レストランとグッズを扱うショップという離れたエリアのスタッフ同士で業務の連携が実現したのです。

もちろん、これは所属先のリーダー同士も巻き込んだ試みでした。

たとえアルバイトという立場でも、役職付きでなくても、「決裁権のある人を動かす」という〝巻き込み力〟は、素晴らしいものです。

お客様だけではなく、他のスタッフのため、他の部署のためにも尽力ができる。そんな人材も、朝礼という文化が育んでくれたのです。

このように「部署横断」で朝礼を行うことには、大きな意味があります。

どこの組織についても言えることですが、組織の全体に目が向いていないと、他の部署の動向には無関心になっていくものです。

それが深刻化すると、「まず自分の部署を優先する」という悪しきセクショナリズムに陥ります。

そのような姿勢のスタッフが増えれば、どれだけ優秀な組織であっても、やがて事業は連携が取れなくなり、生産性は落ちていくのではないでしょうか。

もちろん、部署ごとに大切にしていることは異なります。

たとえばピューロランドの場合、「運営部」はお客様の安全を担保し、満足度を上げることに心血を注ぎます。

一方、「売り上げアップ」を課せられている部署は、集客や催事にこだわります。どちらが上か、という話ではありません。組織においては「両者が互いを理解し合う」ということが大事なのです。

また「グッズを作る」ということについても、部署ごとに相反する気持ちが存在します。

「商品を製作するチーム」からすると「売れ残らない（在庫にならない）こと」が最優先事項であるため、奇抜なものや、エッジのきいたものに挑戦することは控えようとなります。

一方、シーズンイベントやショーを企画する「制作チーム」からすると、「シーズン毎のショーと連動した商品を、こまめにたくさん作ってほしい」という思惑が存在します。

ただし、両者の気持ちは言葉を交わさない限り、決して浮き彫りにはならないのです。

朝礼が習慣化してから、このような〝部署（派閥）を越えての会話〟が多くなされるようになり、建設的な話し合いや会議が増えました。

その結果、「○○部は、なぜわかってくれないんだ」「なぜ、○○部はあんなことばかりするのか」というフラストレーション（要求不満）が、解消されていきました。

代わりに醸成されてきたのが、連帯感です。

相手の声に耳を傾けることで、相手の立場を理解し、その苦労を分かち合い、さらなる高みを求めて力を合わせることができるのです。

朝礼のメリット⑤人材育成、マネジメントを学ぶ

朝礼の場には、参加するスタッフの他に、彼らを率いる役目を負った「トレーナー」もいます。

朝礼を始めた当初は、外部の講師に委託をしていたこともありますが、現在は一〇〇パーセント内部のスタッフが持ち回り制で務めています。

このお話をすると、「トレーナーとはベテラン社員が務めるものだろう」と考える方が多

いようです。

ところが、そうではありません。入社したての新入社員が務めることもあります。

では、トレーナーはいったい、どのようにして決めるのでしょうか。その流れを紹介しましょう。

まず、朝礼を担当している運営推進課から各エリア（部署）に、「○月○日の○時からの朝礼に、どなたか一人、トレーナーを出してください」というお願いを事前に行います。

そして、依頼があると、そのエリアのリーダーの方針でトレーナーが決定されます。

エリアによっては「所属の社員全員がトレーナーを経験する」という方針のところもあります。

日常のルーティン業務に加わるトレーナー業務は、非常によい学びになっているようです。

新入社員がトレーナーになったとき、最初は不安がっていましたが、いざ終わってみると「とても楽しかった」と報告をしてくれました。

「若年のトレーナーだから、充実した朝礼ではなかった」などという声も、いまだかつて一度も聞いたことがありません。

むしろ、上層部から見ると多少不安材料のある社員のほうが、いきいきとトレーナーを務めていたという事例もありました。

フレッシュな人材にとって、普段とは異なる「マネジメント的な立場」を味わうことは、非常によい体験になるはずです。

もちろん、ベテラン社員にとっても、よい影響が出ています。

レストランの敏腕ホール係である男性社員、Mさんがいます。Mさんは毎月のように、トレーナーを務めてくれています。彼はもともと人前に立つことが大好きで、MC（司会）も巧みなスター性のある社員です。ですから、彼がトレーナーとして登場すると参加者は皆、喜びます。

このMさんのように「本業以外で自分は認められている」と思える機会が増えることは、心理学的に見ても素晴らしいことです。

そもそも人間とは、「他人に必要とされること」で尊厳を保てるようにできています。

たとえば、誰からも相手にされなかったり、無視されていたり、好意的に評価されないと、自己肯定感が下がり、やがては無気力へと至ってしまうものなのです。

ですからMさんのように、**本業以外にも「トレーナー」という立場での活躍が増えると、**

自己肯定感が高まり、より大きな成長が望めることになります。

もちろん、「目立つことが苦手」「人前に出たくない」という方も、少なからず存在します。そのような人を、あえて無理に引っ張り出す必要はありません。

しかしMさんのように、人前に出ることがむしろ好きである場合は、どんどん出たほうがよいに決まっています。

本業のホール係とは別の学びを得られるでしょうし、職場への愛着も深まるでしょう。また精神衛生上もよいはずです。

さらには、トレーナーで得た視点や体験、マネジメント能力を、レストランでの仕事にフィードバックすることもできるでしょう。

私はMさんの言葉を忘れることができません。

「朝礼というもう一つの居場所で〝発信〟ができること、また微力であってもお役に立てることは、とても嬉しいことです。感謝をしています」

心理学的に言うと、「人が発信をして、よい反応やフィードバックを周囲からもらう」という好循環には大きなメリットがあることがわかっています。もちろん、本業の場でも充実感や満足感を得られていることでしょう。ただ、Mさんにとって、よい反応が返ってくる機会は、多ければ多いほどよいものです。

「朝礼をやってよかった」という実感は、「ここにいてよかった」「生きていてよかった」という自己肯定感につながります。

また、Mさんに限らず「トレーナーを務めたことで、自分の持ち場での部下への接し方がわかった」という声も多くもらっています。

スタッフの中では、年長で七〇代の方もいますが、年齢を重ねた人にとっても、朝礼という場が人材育成やマネジメントの勉強になることは間違いありません。

その証拠に、管理職のHさんは、朝礼を運営するようになってから、サンリオ本社の重役から褒《ほ》められることが急増し、「Hさんの顔が、自信に満ちて男前になった」と言われているそうです。

ピューロランドの管理職は、毎週一度、サンリオ本社の会議に参加するのですが、急に注目されるようになり、引き立てられるようになったのです。

本人は「〝男前〟なのはもともとですが……」などと冗談にして返していますが、朝礼を核とした社内改革を自分が中心になって推し進めるうちに、裁量権も大きくなり、マネジメントや人材育成もうまくなり、やりがいも大きくなり、自信に満ちる顔付きになったのだと思います。

Hさんは今、こう言っています。

「朝礼が始まるまでは、現場のスタッフから前向きな要望が上がってきても、自分に力がなく、ゴーサインを出せなかった。今は、朝礼も習慣化して、企業風土が一変した。自分の決裁権も大きくなった。『やっていいですよ』と自分が言える環境になったことで、責任も大きくなりましたが、仕事への手ごたえや充実感を感じています」

今後も、MさんやHさんのような社員が現れ続けることを、願い、そしてそうなると確信しています。

朝礼のメリット⑥スタッフ間の風通しをよくする

どんな職場でも、伝えなくてはいけないことが発生します。

けれども、面と向かって言うと、あとあと人間関係がギクシャクしたり、思わぬ誤解を生んでしまったりすることがあります。真意がうまく伝わらなかったということも、当然あります。

信頼関係を崩さず、真意を的確に伝え、相手の心を動かし、行動してもらうにはどうすればよいか。優秀な管理職であっても、悩むところでしょう。

朝礼を使うと、これらの問題はとても解決しやすくなります。

おまけに、「たった一人」に伝えるだけではなく、同様のメッセージを同時に大勢と共有することさえできます。もちろん、良好な関係は維持したまま、です。


そんな朝礼のメリットについて、お話ししましょう。

まず、最もわかりやすい例が「服装や身だしなみについて、いかに注意するか」という問題です。

ピューロランドの場合、エリアごとにコスチュームが定められていますから、それを適切に着用しているかどうかが、まず問われます。

また、髪型や髪色、アクセサリーなどがピューロランドの世界観と合っているかなど、細かなルールが定められていますが、基本原則は「清潔感があること」です。

スタッフは皆、これらのルールを把握していますが、特に女性は見た目のおしゃれには敏感です。もし、ルール違反の人を見かけたら、注意はせずとも「あっ」と気づくことでしょう。

しかし、それを実際に声に出して注意をするかというと、それはまた別問題です。「○○さん、髪の色が派手すぎるよ」などと正面から注意をするのは、普通は難しいことでしょう。年長者であれば、一方的に「髪の色が派手すぎるよ」と声がけをするのは、たやすいことかもしれません。

しかし近年は「パワハラ」（パワーハラスメント）などという言葉もあり、堂々と注意をすることが難しくなってきています。

そこで、朝礼を利用するというわけです。

朝礼の付随プログラムとして、「コスチュームチェック」というコンテンツがあります。違う部署同士のスタッフ二人で一組となり、相手の服装や髪型、爪などをチェックし合うのです。「その場では、何を言ってもよい」というルールになっているため、遠慮はいりません。たとえ相手が目上の立場であろうと、感じたまま、外見の乱れについて指摘をしてよいのです。

このコスチュームチェックは、毎日行われています。**何度も行うことで、「相手に注意をすること、されること」への抵抗感を減らしていく**メリットもあるからです。

朝礼で指摘を受けたスタッフは、もちろんその場で改めます。髪色が派手なら、次の出勤までに改善して来るようになります。

このように「どんなに言いづらくても、大事なことは伝えなければいけない」という意識がスタッフ一人ひとりに定着していけば、その組織は素晴らしい集団へと成長できるはずです。

また「会社側から全員に伝えたいこと」も、研修を通せば効率的に伝えることができます。

お客様からのクレームが発生してしまったとき、メールの一斉送信などで情報を共有することは、もちろんあります。

けれども、研修のプログラムで、そのようなトラブルを事前にシミュレーションをしておけば、頭だけではなく心に刻みこむことができます。

とても混雑しているときに、ご質問やお問い合わせを矢継ぎ早にお客様からいただいたときのことでした。

発展途上のスタッフの場合、「対応すべき事柄で頭がいっぱいになると、丁寧なご案内ができなくなる」ということは、残念ながらあります。

そのような対応について、お客様からクレームという形でご指摘をいただいたとき、丁重なお詫びをすることはもちろんですが、同時に、再発防止策も練らねばなりません。

とはいえ、書面や口頭で「疲れてきたときにも、笑顔で丁寧な接客をしましょう」と抽象的に伝えても、全スタッフの心に届くかどうかは疑問です。

そこで、朝礼を活用するというわけです。

具体的に言うと、「あなたにとって、仕事中にどんなことが大変ですか」と尋ね合うスタイルでプログラム化して、研修に取り入れました。その結果、さまざまな「大変なこと」が発表されました。

ただし、それらを発表し合って終わり、ではありません。

「お客様からのクレームがあった事実」についても触れ、「このようなトラブルが生じる可能性は、特別なものではなく、誰にでもあることなのですよ」と、他人事ではなく〝自分事〟として自覚をしてもらいます。

その結果、ソフトで婉曲《えんきょく》な伝え方ではありますが、全スタッフに「どんなときであっても接客は丁寧に優しい気持ちで行おう」と確実に思ってもらえるというわけです。

どんな組織にとっても「言いづらいこと」は存在します。それを〝まろやか〟に、でも〝しっかりと確実に伝える仕組み〟は、不可欠です。

朝礼のメリット⑦責任感が育まれる

朝礼は、部署横断で参加します。

朝礼に毎日一〇分参加するだけで、さまざまな部署、いろいろなエリアのスタッフが「それぞれの持ち場で奮闘しているのだ」と知ることができます。

たとえ、それが自分の仕事とは遠いものであったとしても、「私も頑張ろう」という勇気をもらえることは確かです。

そして、同時に「自分も頑張らなければ」という責任感も湧いてきます。それは、たとえ配属されて一日目の新人スタッフであっても同じで、「私だって、コスチュームをつけて現場に立てばピューロランドのスタッフの一員なのだ」という自覚が生まれます。

ですから朝礼に参加することで「新人だから」「新入りなので」という甘えから、自然に、かつ早期に脱却することができます。

たとえば職業によっては、「新人」というステッカーをつけて乗り物を運転したり、「研修中」という腕章をつけて小売店のレジに立つなどして、「新人」であることをあらかじめ公言するというシステムがあります。

批判をするつもりは全くありませんが、ピューロランドではそのような仕組みを取り入れてはいません。

新人であろうとベテランであろうと、お客様に声をかけられたら、みんな同じくらい温かい〝ハート〟で接客をするべき、という信念があります。

「新人」であることを、スタッフにとって都合のよい言い訳の理由にしてほしくはないのです。

だからといって、そのような思いを口頭や文書で本人に伝えても、その後の行動が変わるかどうかは疑問です。その点、「朝礼」は非常に効率よく「スタッフの心を動かしてくれる場」なのです。

新人とはいえ、どれだけ大きな責任を背負っているかということが、よくわかる事例があります。

たとえば「写真の撮影係」という大役です。

ピューロランドの館内では、「ハローキティと一緒に撮影した写真のデータを販売する」というサービスを展開しています。

撮影のライティング等、技術的な面では「うまく撮れなかった」というミスは起こりません。

ですが、この「シャッターを押す」というアクションは、現場のスタッフが担当しています。スタッフがお客様にご案内や説明をしながら、シャッターを押させていただく仕組みです。

万一、そこで上手にお声がけができなかったり、息を合わせられなかったり、突発的な事態に対応できなかったりすると、よい表情の写真を撮れないことになってしまいます。

「最高の笑顔でキティちゃんと記念撮影をしたい」

そのような思いで来場されているお客様からすると、「よい表情で写っていない」という結果は〝大事故〟です。

中には「キティちゃんと撮れた一枚を、来年の年賀状に載せよう」と計画してくださっている方も少なくありません。

ですから、撮影係を務めるスタッフが「私は新人なので、万一ミスしたらごめんなさい」というような気持ちでいることは、お客様の夢を踏みにじることにつながりますから、あり得ないのです。

もちろん、どのような業種、業界でも、新人に「プロ意識を新たに持たせること」は難しいものです。

さらに言うと、たとえベテランになっても、その日の心身の調子によっては、プロ意識が希薄になってしまうことだって起こり得ます。私たちは、機械ではなく、人間ですから、好不調は仕方のないことです。

だからこそ、**「朝礼に参加すること」でプロ意識や責任感を繰り返し呼び起こすことが重要**なのです。

「責任感を持ちなさい」とスタッフに伝えたいとき、何万回も言葉で促すより、一度の朝礼に出たほうが素直に受け入れてもらうことができると思います。

では、どうすればスタッフに責任感を持ってもらうことができるでしょうか。ここでは、責任感を育むための具体的なワークもご紹介しておきましょう。

「お客様の出費を計算する」というワークを朝礼のプログラムに取り入れたことがありました。

家から出発して、ピューロランドに着くまでの交通費や入場料、コインロッカー代、館内での飲食代、ゲームや写真撮影にかかる料金、おみやげ代、帰りの交通費……。これらを全て足すと、いくらになるのか。その金額は、「額面と同じ程度の価値があった」とお客様に思っていただけるものなのか。さらに、「額面以上の価値を得ることができた」と、お客様に思っていただけるには、今後どうすればよいのか。そのようなことをスタッフに考えてもらいました。

もちろん、その金額は決して安いものではありません。

ピューロランドに携わる人間であれば誰でも「お客様によりいっそう価値を提供しなければ」という気持ちに駆られることでしょう。

そのような使命感を全スタッフが素直な気持ちで共有できる場が「朝礼」なのです。

「責任感や使命感を持つことなんて、社会経験の浅い人には難しいでしょう？」

そんな質問を取材の折にいただくこともあります。

しかし、率直なところ、「若い人だから責任感がない」と感じたことは私にはありません。

また、取材に同席してくれていた現場の管理職も同様の見解でした。

「むしろ若年のスタッフのほうが、緊張感、責任感もあって、しっかりしている印象がある」と、力強く証言してくれました。

そもそも、ピューロランドで働いてくれるスタッフは、希望して来てくれる方ばかりです。「ピューロランドが大好き」というフィルターが最初にかかっているわけですから、「スキあらばサボりたい」「ただお金のために働きたい」というスタッフは、全く見当たりません。

そのような素晴らしい人材に、朝礼に出てもらえば、さらに磨きがかかるのは当然なのです。

朝礼を始めて責任感が強くなったという事例は、枚挙に暇《いとま》がありません。

たとえば、天気が急に悪くなって大雨に見舞われたとき。掃除道具を持ってパッと外に出て、危なくないように床にモップをかけている数名のスタッフの姿を目にしたことがあります。その機転の利かせ方には、「もはやアルバイトさんの仕事の域ではない」と、頭が下がるレベルです。

しかし、かつては、そのような行動をとるスタッフはいませんでした。思いはあっても、「余計なことをしない」という状況だったのです。

繰り返しになりますが、かつてのピューロランドは、トップダウン型の組織であり、スタッフの多くがセクショナリズムに陥り、自分のエリア外のことには無関心で、〝事なかれ主義〟に陥り、直接指示されたことしか動こうとしませんでした。

しかし、朝礼を導入してからは、「お客様の安全や快適さを最優先で担保する」という大目標をスタッフ皆が共有し、周囲と連携し、「善」と思われるアクションを能動的にとるような雰囲気が定着してきたのです。

朝礼のメリット⑧マーケティング効果

私たちサンリオグループは「世界中の人たちが大人も子どもたちも、みんな仲良く助け合って生きていってもらいたい」という理念を掲げています。

また、その理念を具現化した結果として「『かわいい』世界観」を追求してきました。

とはいえ、立派な理念や世界観とは裏腹に、私がピューロランドに赴任した当初は、ターゲット世代である「若い女性」がスタッフに何百人もいるのに、その感性がほとんど活かされていませんでした。

若い女性が、日々どんなことを考え、何を見て「素敵だ」と感動し、どのような夢と希望を抱いているのかといった情報は、彼女たち本人にヒアリングをすれば、たちどころに、膨大に得られるはずです。

残念なことに、ピューロランドでは彼女たちの意見や気持ちを吸い上げる仕組みが全くできていませんでした。厳しい言い方をすれば、彼女たちと経営者は単なる「労使」の関係でしかなかったのです。

「なんと膨大な宝の山を無駄にしていることか」と、私は大きな衝撃を受けました。

朝礼は、スタッフから、リアルな声を効率よく吸い上げられる〝装置〟でもあります。

スタッフの多くは女性ですから、彼女たちの声に耳を傾ければ傾けるほど、ピューロランドがよりよくなるための養分をうまく吸収できることになります。

たとえば、アイスブレイクの時間に「最近ハマっているものは何ですか?」という質問が出たとしましょう。

サンリオのキャラクターに限らず、さまざまな答えが返ってくるはずです。

それは、流行のファッションブランドであったり、話題の映画やテレビドラマであったり、最新のカルチャーであったりするでしょう。スタッフは皆、感度のよいアンテナをピンと張っています。センスよくフレッシュな彼らの答えを参考にさせてもらえばよいのです。

「今度のパレードでは、どんなポスターを作ればよいだろう」「新商品のパッケージデザインは、どんなイメージにすれば喜ばれるだろう」などと悩んでいるスタッフからすれば、朝礼で他部署のスタッフと直接顔を合わせ、言葉を交わす機会は、この上なく貴重なはずです。

もし、アンケート調査を外部業者に委託して行った場合、膨大な調査費用がかかってしまいます。

お客様と同世代のスタッフさんと直接話ができて、トレンドまで教えてもらえるということは、朝礼で得られるもう一つの大きな効果なのです。

この話をすると、次のような質問をよくいただきます。

「では朝礼のプログラムに、マーケティングに直結するような内容を取り入れれば、よいのですね？」

実は、答えは「ノー」です。

「朝礼の参加者が、ターゲット層と同じ年代だから」といって、朝礼にマーケティング機能ばかりを追い求めてしまっては本末転倒です。

マーケティング機能は、朝礼のメインのメリットではなく、あくまでも数あるメリットの中の「ワン・オブ・ゼム」です。一回わずか一〇分しかない朝礼の時間を参加者へのヒアリングだけに費やしてしまっては、それはまたもったいないことです。

まず、重要なのは「朝礼」のおかげで互いにコミュニケーションをとりやすい風土が醸成されるということです。さらに、それに付随してマーケティング効果も得られるということです。

たとえば、スタッフ同士、廊下ですれ違ったときやトイレで会ったときに、どれだけ臆することなく会話ができるかということをコミュニケーションのバロメーターにするのがおすすめです。

同じエレベーターに乗り合わせたスタッフがバッグに見たこともないキャラクターをつけていたとしましょう。感度の高いスタッフの所持品ですから、流行の最先端であることは間違いありません。ですから、「それ、何?」と気軽に聞けるかどうかが、よい組織であるかどうかの分かれ目であるといえます。

ピューロランドの管理職が、スタッフに声をかけやすいことは間違いありません。実際、私もよく話をさせてもらっています。

最近、エレベーターに同乗した若いスタッフに「そのキーホルダーは、何のキャラクター?」と尋ねたところ、「サンリオの製品でなくてすみません」と前置きをしながら、詳しく教えてもらうことができました。

他の管理職を見ても、**立場を超えて温かいコミュニケーションをとる**ようになっていることがわかります。

実のところ、私たちがスタッフとの心の距離感をここまで縮めるのにかかった時間は、あっという間でした。

当初は「二年はかかるだろう」という見通しでした。しかし、朝礼が浸透するのは、予想以上の早さでした。

朝礼のメリット⑨スタッフの変化をすぐキャッチ

「スタッフの非言語情報に気づきやすくなる点」も、朝礼による大きな副次的効果です。仕事として現場に立つ以上、言いたくても言えないことは誰にでもあるはずです。

「今日は体調が悪いから、本当は休みたい」

「家庭内でトラブルがあり、気分がすぐれない日が続いている」

このような私的な事情を一切口に出さず、一日をなんとか乗り切ったという経験は、ビジネスパーソンであれば、きっとあるはずです。

もちろん、それが苦痛でないレベルであれば問題ではないでしょう。

「気分が沈んでいたけれど、仕事が始まるといつも通りに元気よく働けた」

「仕事に没頭しているうちに、プライベートでの嫌な出来事を忘れることができた」

そんなケースもよくあるからです。

しかし、事態が深刻だとしたら、「職場で倒れる」という最悪の事態を避けるために誰かが早急に異変に気づき、何らかの対処をとることが重要になってきます。

とはいえ、ビジネスの現場では、なかなかそこまで互いに気遣うのは難しいものです。

そこで、頼りになるのが「朝礼」という場なのです。

朝礼の会場にスタッフが入ってきて、スタートを待つまでの「数分間」、もしくは「数十秒」こそが勝負なのです。

朝礼を率いるトレーナーがスタッフの異変に気づいたら、本人に直接声をかける、もしくは、本人の所属先の担当者に連絡をします。

それは、さして難しいことではありません。

たとえば女性同士であれば、相手がほんの少し前髪を切っただけでも、口紅の色を変えただけでも気づくことができます。

同様に「なんだか顔色が悪く見える」、「いつもより元気がない」などという変化をも察知できるものです。

そのような気遣いは、「わずらわしいおせっかい」ではありません。事故を起こさないため、またスタッフ本人を守るための立派なリスクヘッジ（危機回避策）となります。

また、トレーナー以外のスタッフであっても、そのような気遣いをすることはできます。アルバイトさん同士で、顔見知りになり、連帯感がある場合、朝礼で顔を合わせたときに異変に気付けば「今日、なんだかしんどそうに見えるけれど大丈夫？」などと声を掛け合うことができます。

そのような周囲との親密な関係性や心の絆は、人の心を強くサポートしてくれるほか、クオリティーの高い接客やパフォーマンスにも確実に影響します。

「今日は朝礼で、親しい○○ちゃんと会えた」「Eちゃんが気遣って声をかけてくれた」というふうに心が和み、励まされることもあるでしょう。

また、仲間に指摘をされたことで「こんな体調でパークに立つなんてプロ失格だ」と、よりいっそう健康管理に努めるようになるかもしれません。

「言いたいことを全て言えるわけではないビジネスパーソン」だからこそ、「周囲が気付いて優しい言葉をかけてあげる」ということは非常に大切です。

「朝礼」は、**スタッフが健やかに、長く快適に働くために欠かせない「センサー機能」も**

持っているとと言えるでしょう。

朝礼のメリット⑩他の社員からも期待と信頼

朝礼に参加をしないスタッフもいます。管理部門、総務部、人事部など、お客様との直接的なコミュニケーションのない、バックヤードの社員などです。

朝礼の第一の目的が「接客スキルを上げること」であるため、そのような仕組みにしたのです。

だからといって、彼らが「朝礼に全く興味がないか」というと、そうではありません。むしろ興味津々《しんしん》だと言う方も多いのです。

実は、朝礼の内容は非参加者ともきちんと共有されています。どのような朝礼を行ったのか、コンパクトにまとめた「週報」を朝礼の管理運営部門がバックヤードにメールで配信してくれているからです。

その書面には朝礼の画像も添えられているので、どのような内容であったのか、手にとるようにわかります。

非参加者同士での会話に、朝礼のコンテンツの話が出てくることも珍しくありませんから、週報は朝礼の優れたダイジェスト（短縮版）になっているとも言えます。

また、皆忙しい中で、それをきちんと読んでくれているというところも、手前味噌ではありますが、素晴らしいことだと思います。

ありがたいことに「朝礼に取り上げたらいいんじゃない？」というネタの提案が、日常的に私や管理運営部門に寄せられています。

たとえば、総務部の社員からラジオ体操をすすめられたことがありました。

「昔懐かしい感じがするかもしれませんが、ラジオ体操が今またブームになっているんですよ。私も少しやってみたんですが、とても気持ちいいんです」

私も昔を思い出してトライしてみましたが、確かに気持ちがいい。そこで、「全スタッフで九時から一斉にそれぞれの持ち場でやってみようか」と思いました。

このように、朝礼のコンテンツを企画するのは、誰にとっても楽しく、ワクワクすることなのです。

また「楽しい」というレベルにとどまらず、「スタッフのために」「ピューロランドのために」という視点から考えてもらうわけですから、課題意識、マネジメント能力を磨くことや組織愛を高めることにもつながります。

ある時、マーケティング担当の社員から、アイディアを提供してもらったこともあります。ピューロランドが、あるメディアから取材を受けたときのことです。その社員は取材対応中に目の不自由な来場者に一瞬戸惑うスタッフの姿を見かけたそうです。

そこで「目がご不自由な方とどのように接したらよいのか」を朝礼でやってみたらどうでしょうというご意見をいただきました。

素晴らしいアイディアだと思い、すぐに打ち合わせを重ねて、朝礼のプログラムとして採用させてもらいました。

このように非参加者からも朝礼には大いに注目をしてもらっているのです。

では、それはどうしてなのでしょうか。

人というのは、自分たちの主観とは別に、「他者からどのように見られているか」という外的な評価を非常に気にします。

「テレビに出ていたから」「ビジネス誌に取り上げられていたから」といった理由で、非参

朝礼のメリット10カ条

❶ モチベーションアップ
❷ 接客のスキルアップ
❸ 問題意識のアンテナを磨く
❹ 苦労を分かち合う連帯感
❺ 人材育成、マネジメントを学ぶ
❻ スタッフ間の風通しをよくする
❼ 責任感が育まれる
❽ マーケティング効果
❾ スタッフの変化をすぐキャッチ
❿ 他の社員からも期待と信頼

加者も朝礼に注目をしてくれたのかもしれませんし、実際に参加しているスタッフが、家族や外部の方に朝礼の話をしていて、それが評判になって参観希望の問い合わせが来たことなども、効果があったのかもしれません。

　そういった意味では「外部の取材を積極的にお受けしていく、外部の方にも見ていただく」という姿勢も、大事なことだといえます。

サービスに関するクレームが二〇%減少

　この章の最後では、朝礼の効果について数値の面からも見ておきましょう。
　二〇一八年度、ピューロランドの入場者数は前年比約一一〇%とアップしました。

驚くべきは、クレームの数です。なんと前年比二〇％ダウンだったのです。

昔から、レジャー業界の世界でよく言われるのは「クレームの数は、入場者数増加の二乗に増える」という法則です。

つまり「入場者が二倍」になったら、単純に「クレームも二倍」になるわけではありません。

「2×2」で「クレームは四倍」になると言われているのです。

私も以前はなんとなく「そうだろう」と捉えていました。混雑して満足度が下がってしまう懸念があるからですが、**クレームの数は、入場者数増加の二乗に増えるどころか、ピューロランドでは減ったのです！**

クレームの数という表面的な数値だけでなく、クレームの中身も変わってきました。

これは内部のデータで、本来社外秘なのですが、近年のクレームの内訳の順位を見ていて驚いたことがあります。

数年前までは「オペレーションミス」が一位で、二位が「接客」、その後ぐんと数は減りますが三位以降は「商品の不具合」「施設に関する苦情」と続いていました。

ピューロランドはテーマパークというサービス業ですから、会社としてはサービス業の根幹である「接客」を何とかしたいという思いがありました。

ですから、接客スキルの底上げに直結する朝礼に、尽力してきたわけです。その甲斐あってか、二〇一八年度には、クレームの内訳の順位が変動しました。なんとずっと二位だった「接客」が四位へと降格したのです。

予想していなかったことですが、「接客の質が上がってきた」ということをデータが証明してくれたのです。

これは朝礼を推進してきた側としては、大変嬉しい結果でした。

もちろん、これからもクレームの根絶を目指し、朝礼を通して接客のスキルアップに努めていきたいと思います。


また、もう一つの興味深い傾向があります。

近年はクレームの内容が大きく変わり始めているのです。

「クレーム」として報告されてきた声を分析すると、「単純にクレームとして分類すべきものではないのでは？」と思えるものが増えているのです。

たとえば次のようなお声です。

「列に横入りするのをやめるよう、他のお客様に注意をしてほしい」

「キャラクターと並んで写真を二枚撮った。でも、私の後の人は四枚撮っていたから不公平だ」

つまり、キャラクターに対する愛情が深いあまり、「クレーム」というより「ご要望が強くなっている」という印象を受けるのです。

ですから純粋なサービスに対する「クレーム」だけに絞れば、その数はより少なくなるかもしれません。

さらに、朝礼を習慣化することによるメリットを「見える化」（可視化）することも重要です。私が注目しているのが「ネット・プロモーター・スコア」（ＮＰＳ）という指標です。

これは「顧客ロイヤルティ」（企業やブランドに対する愛着・信頼の度合い）や「顧客の継続利用意向」を知るための物差しで、「顧客推奨度」や「正味推奨者比率」と訳されることもあります。

Apple や Amazon、Google、Facebook、スターバックスなど多くのグローバル企業が業績向上につなげるための指標として採用しており、収益との因果関係は既に立証されています。

ピューロランドもこれを採用し、複数のお客様に対して調査を行い、「どのような言葉でピューロランドが勧められているか」というデータを継続的にとっています。

今までは、たいてい次のようなワードが浮上していました。

「可愛い」

「キャラクター　かわいい」

「キティ　かわいい」

「マイメロディ　癒される」

「メニュー　インスタ映え」ｅｔｃ……。

それ以外では、個別のグッズやシーズン毎のパレードについてのワードもよく上がっていました。

ところが、二〇一八年七月に初めて全く新しい傾向のワードが記録されるようになりました。

それは「スタッフ　温かい」というワードでした。

その結果を知ったときは思わず涙がこぼれました。

「ピューロランドに携わってきてよかった」

「朝礼を愚直に続けてきてよかった」

「みんなよく頑張って続けてくれた」

そんな思いでいっぱいになりました。

冷静に考えてみても「スタッフ　温かい」なんて、なかなか出てこない褒《ほ》め言葉ではないでしょうか。

内部の人間や社長が褒めてくれているのではなく、本来はシビアであるはずのお客様が、何のバイアスも入っていない人が、ピューロランドのスタッフのことを「温かい」と感じてくださっている。

その事実は、大きな励みと自信になりました。

このように、客観的なデータを見ても、「朝礼が私たちピューロランドを変えてくれた」ということがよくわかっていただけると思います。

第3章

サンリオピューロランドのすごい朝礼

朝礼を構成する基本的な四項目

ピューロランドの朝礼は、どんなことをしているのか、もっと具体的にお話しします。一回の朝礼の時間は約一〇分。アイスブレイクが約三分、本編が残りの約七分という内訳になります。

まず、本編の内容について、見ていきましょう。

今の朝礼を形成してくれた本編のコンテンツは、次の四つのジャンルに分類することができます。

①館内の情報共有
②接客のスキルアップ
③モチベーションアップ
④防災

「この四つのうち、どれが重要ですか」という質問をよくいただきます。

ピューロランドはサービス業なので、②「接客のスキルアップ」最優先にして考えてきました。

②「接客のスキルアップ」に重点的に取り組むことは、①「館内の情報共有」、③「モチベーションアップ」といったジャンルにも、自動的につながっていきます。

もちろん、この四つのジャンル分けが、全ての業界・業種での朝礼にそのまま利用できるわけではありません。たとえば接客業の企業であれば、目指すところは似ていますから、すぐに応用できるでしょう。一方、金融業界やＩＴ業界、マスコミ業界等の企業にとっては、割愛したり、代わりに入れる項目があるかもしれません。

しかし、大きなフレームとして、「この四ジャンルで朝礼のコンテンツは構成できる」と思います。

特に、注目してほしいのは④「防災」です。

ピューロランドのような集客を目的とする施設を運営していなくとも、防災対策は必須です。

「会社が入っているビルのエレベーターが止まったときはどうすべきか」

「帰宅途中の夜道で、犯罪に巻き込まれないためにはどうすべきか」

「通勤途中で、犯罪を見かけたらどう対処すべきか」

「荒天時の出勤はどうすべきか」

会社の責任として、事前に対策を立てておきたい事柄は、山ほどあるはずです。

この「四つのジャンル」という考え方は朝礼のコンテンツを考えるうえで、非常に高い汎用性があります。ご自身の職場で朝礼を行う際には、参考にしていただければと思います。

個人の特技を活かしたプログラム

朝礼のコンテンツには、社員の心を通わせることが重要です。

ですから、トレーナーが考案し、主導するコンテンツのみならず、他のスタッフがリードするものも、織り交ぜることができると理想的です。

どんな人でも、趣味や特技があるものです。その中から、現場に関係のある事柄を伝授してもらうのです。

具体例を挙げてみましょう。

・中国語ができるスタッフに、旧正月前に、簡単な中国語の挨拶《あいさつ》を教えてもらう。
・英語が堪能なスタッフに、英語の挨拶を教えてもらう。
・手話が得意なスタッフに、「すぐ覚えられる、手話での挨拶」を教えてもらう。
・ショーに出演しているダンサーに、「すぐ覚えられる、パレードの振り付け」を教えてもらう。
・元バスケットボール指導者のスタッフに、「体幹を意識して姿勢をよくする方法」を教えてもらう。

これらは、接客に即役立つ知識やスキルですから、朝礼のコンテンツとしては最適です。

また、ピューロランドの朝礼では、専門家を特別に招いて、講師を務めてもらったこともあります。

たとえば、パレードの制作を統括してくれたプロデューサーに、「作品に込めた思い」を話してもらったことがありました。プロデューサーにとってみれば、一〇分間の朝礼で十二回も連続して話すわけですから、大変な仕事であったと思います。

一方、現場のスタッフにしてみれば、一生の記念に残るくらいの心躍る瞬間だったことでしょう。

〝パレードの生みの親〟に実際に会い、リアルな肉声を聞いた後は、お客様との会話の熱量も、全く違うものになるはずです。

例えば、パレードの時間を訊ねられたとき、「パレードは一時からです」と事務的な答えを返すだけではなくなります。

「○○○が素敵なので、絶対に見てくださいね」

「今回のテーマは○○○○で、感動する物語になっています」

と、キラキラ輝く瞳で、より豊かな情報提供ができるようになったことと思います。

また、トレーナー以外のスタッフに講師を任せることで、そのスタッフは朝礼によりシンパシーを感じてくれるようになります。

講師を外部から招くことで、朝礼のコンテンツのマンネリ化を防ぐこともできます。

このように、朝礼を定着させるためには、より多くの人を巻き込んでいくことが重要です。

今後の朝礼の理想も述べておきましょう。

現在は「接客」に重点を置いている朝礼ですが、もし余裕が出てきたら、スタッフの教養を高めるようなコンテンツを増やしていきたいと考えています。

たとえば、ギターが趣味のスタッフに、簡単なコードを教えてもらう「ギター教室」、マイケル・ジャクソンの大ファンであるスタッフにその魅力を語ってもらう「マイケルの魅力講座」というのも、いろいろな世界に触れられて素敵だと思います。

どちらの内容も、人を楽しませるエンターテイナー精神に関連があるので、スタッフの心の栄養となってくれるはずです。

また朝礼の運営サイドが「誰にトレーナーを依頼しようか」という視点でスタッフと接するようになると、一人ひとりに好奇心が湧き、社内のコミュニケーションは活発に、より円滑になります。

「個人の特技を朝礼に活かすこと」には、いくつものメリットがあるのです。

自分の仕事を知ってもらいます

前にも見たように、「館内の情報共有」はコンテンツの大きな要素です。

その一つとして「自分の持ち場の仕事を話す」という定例プログラムを用意しています。

これにはさまざまなスタイルがあります。

まず、「アルバイト同士で、互いの仕事について話し合う」「社員同士で、互いの仕事について話し合う」というものがあります。そして「アルバイトのスタッフ複数名に、仕事について話してもらい、皆で聞く」「一人の社員に、仕事について話してもらい、皆で聞く」といったバリエーションに分かれます。

これらを、ピューロランドの朝礼では「エリア自慢」と呼んでいます。

「自慢」という名の通り「自分の部署のよいところ」について他のスタッフに紹介するという趣旨です。

「エリア自慢」でよく聞かれるのは「所属チームの仲間が皆優しくて、困っているときに必ず助けてくれます」というような声です。

また、エリアによっては「新商品にいち早く触れることができる」「お客様の笑顔に、間近に接することができる」といった声もあります。

この「エリア自慢」には大きなメリットがあります。

まず「発信する側」にとってのメリットは次の通りです。

自分の仕事を振り返り、それを客観的な言葉で述べられるようになります。

また、自慢しようと思うと、良い点を探そうとするので今までフォーカスしていなかった事柄にも気付けるようになります。

「発表を聴く側」にとっても、大きなメリットがあります。

他部署のリアルな声を聴くことにより、ピューロランド全体への理解が深まり、帰属意識、愛着が強まることです。

他のスタッフの思いに触れることで、連帯感を感じ、自分の責任感やモチベーションを高めることができます。

また、「エリア自慢」では、時間の許す限り質疑応答の時間を設けており、これがまた、双方にとって実りが大きいのです。

意外に思われるかもしれませんが、ピューロランド全体の業務というのは多岐にわたるため、所属が異なると業務内容が全く違い、「エリア自慢を聞いて初めて知ること」も少なくありません。

ですから、さらに踏み込んで質問ができることは、スタッフにとって大きな喜びになるようです。

一方「エリア自慢を発信する側」も、質問を受けることで成長します。

「現場にいるとわからないけれど、他のスタッフはそんな事柄に興味を持ってくれるんだ」と、新鮮な学びを得ることが多いのです。

投げかけられた質問に真摯《しんし》に答えようとすることで、自分の業務をより見つめなおすことにつながりますし、現場に持ち帰って改善に取り組むこともあるでしょう。

つまり、スタッフ間でフィードバックを自動的にし合える最強のシステムが「エリア自慢」なのです。

これは上意下達型の朝礼では、なかなか実現しにくい仕組みです。

「スタッフ間はフラット」という根本的な認識があるからこそうまくいく仕組みと言え

ます。

一日一題、毎日変わるアイスブレイク

ピューロランドの朝礼では、必ずアイスブレイクを行います。

全一〇分間の朝礼のうち、最初の二～三分間がアイスブレイクに充てられます。

そもそもアイスブレイクとは何か、ご説明しておきましょう。

直訳すると「氷を割る」という意味になりますが、ビジネス用語的に解釈すると「氷のように固まった雰囲気を早く和ませ、コミュニケーション促進のために行うグループワーク」のことです。

研修やセミナー、会議などの前に、簡単なゲームや自己紹介を行うのも、アイスブレイクのひとつと言えるでしょう。

アイスブレイクは参加者の緊張を解きほぐし、気軽に話し合える雰囲気を作り出してくれる、潤滑油のようなものなのです。

アイスブレイクには、決まった方法やルールがあるわけではありません。事前準備がな

くても、いつでもどこでもすぐに行える内容が理想的です。

ここではピューロランドのアイスブレイクについてご紹介します。

よくある内容は「好きなものを訊ねる」というアイスブレイクです。たとえば「好きなスポーツ」「好きな食べ物」「好きなサンドイッチの具」などを、一人ずつ皆の前で発表します。

本業と一切関係がなく見えますが、それでよいのです。「その人の好きなサンドイッチの具は何か」という「発言内容」が大事ではなく、**「皆で同じことを考え、発言した」という共通体験が重要です。**

共通体験は、連帯感を一瞬にして生んでくれます。これもアイスブレイクをするメリットなのです。

アイスブレイクのお題としては、他に次のようなものがあります。

・「最近、笑ったことは何ですか?」
・「二四時間以内にあった〝いいこと〟を教えてください」

・「自分を動物にたとえると何ですか？　その理由も教えてください」

このようなお題を一日一題、トレーナーが考え、アイスブレイクとして出題するというわけです。

アイスブレイクの瞬間に、頭をフル回転して声を出すことで「仕事モードに切り替えられる」という効用もあります。

もちろん、キャリアが短い場合、答えに詰まってしまうこともあります。そんなときに、先輩たちが温かくフォローをしたり、気長に待とうとしている姿勢を見せたり、助け船を出したりすることもあります。

アイスブレイクの発展形としては、機械的に「並んだ順」に答えるのではなく、「挙手制」で答えていくというスタイルもあります。

通常は、先輩スタッフから発言することが多いのですが、そうではない日もあります。「キャリアが短いスタッフが、口火を切ってくれた瞬間を目にすると、成長を感じて嬉しくなる」とトレーナーのKさんが話してくれたことがありました。

このように、アイスブレイクはわずか三分程度の取り組みですが、日常的に続けることで、スタッフのモチベーションや能力を確実にアップしてくれます。

朝礼実例集①海外ゲストへの対応

ピューロランドのスタッフは、海外からのお客様もお迎えして、コミュニケーションをとっています。

その対応も朝礼で共有しています。

英語や中国語などの言語が得意なスタッフが「トレーナー」を務め、接客ですぐに役立つワンフレーズを参加者に伝授するという朝礼の課題があります。

たとえば「お写真を撮りましょうか?」「何かをお探しですか?」「何かお困りですか?」「お誕生日、おめでとうございます」などです。

具体的な手順は、次の通りです。

①トレーナーがホワイトボードに覚えるべきワンフレーズを書き、実際に発音をしてみせ、参加者がそれをリピートして体得する。

②全員がある程度正しく発音できるようになったら、二人一組になって会話をシミュレーションする。

③できるだけ表情を豊かにしたり、ジェスチャーを交えたり、〝異言語のワンフレーズ〟でも心を込めてコミュニケーションができるところを目指す。

この課題で目指すところは「スタッフ全員が言語に堪能な接客のプロを目指すこと」ではありません。

もちろん、より多くのスタッフが、より多くの言語に通じていることが理想的であることは間違いないでしょう。しかし、わずか数分の朝礼では、そこをゴールにするのは難しいことです。

近年、携帯型のハンディーな音声自動通訳機が普及していますが、実際、ピューロランドでもそれらを導入し、最大限に活用しています。

したがって、このコンテンツで目指したいのは**「どのような言葉を話すお客様にも、できるだけ笑顔で落ち着いて対応できるよう、心のバリアを取り除く」**ということになります。

ピューロランドでもありがたいことに、英語圏や中国語圏からも多くの方にご来場いただいています。

その言語を専門的に学んだ経験がない場合、「外国の方」とわかると、コミュニケーションが及び腰になってしまうことも珍しくありません。

そうならないよう、朝礼で異言語に触れる機会を増やすこと、スタッフ同士でシミュレーションを重ねることは、非常に有益です。

朝礼で取り上げるフレーズは、一回で一フレーズです。そして、一カ月に一回は、このような「海外ゲスト対応」の課題を行っていますから、十二カ月で十二のフレーズを覚えられることになります。

もしかすると、「さらに英語を習ってみたい」「中国に旅してみよう」などという意欲が芽生えてくるスタッフも出てくるかもしれません。

そうすれば、プライベートな時間の過ごし方が一変し、人生がより豊かなものになるでしょう。

そこまで行かなくとも、異言語を〝特殊なもの〟として構えない姿勢は、接客のプロとして大きな強みになってくれます。

もし、このような研修が全くなかったとしたら、「知らない言葉で尋ねられてしまった」と動揺し、お客様のご要望に添うことが難しくなってしまうことでしょう。どのような状況でも、心をフラットに保ち、笑顔でいるということは大事です。

注意点は「多くのフレーズを一度に詰め込もうとしないこと」です。

多くのフレーズを短期間に習得しようとしても、かえって飽きが来たり、忘れてしまったりするものです。毎月一つのフレーズを、地道に根気強く続けていくことが重要です。

朝礼実例集②現場で役立つ伝言ゲーム

グループのメンバーが一列になり、列の先頭の人から最後尾の人にまで、メッセージ（言葉）を伝えていくのが「伝言ゲーム」です。大人になってから、実際にこの遊びを経験した人は、少ないのではないでしょうか。

ピューロランドの朝礼では、参加者全員を同じ人数のグループに分け、「館内の情報をできるだけ早く正確に伝えていく」という課題が人気です。

そのやり方は、一般的な伝言ゲームとほぼ同じです。

この課題を行うとき、一チームあたりの最適な人数は約五人です。二〇人いれば四チーム、四〇人いれば八チームで行います。道具などが全く必要ない点は、大きなメリットでしょう。


朝礼の課題としての「伝言ゲーム」が特徴的なのは、伝達したいメッセージを「スタッフ間の情報共有の一手段」として重く捉えている点です。たとえば、そのとき開催されているイベントやパレードにまつわる情報です。

全スタッフでゲームを楽しみながら、館内についての最新情報を自然に共有できることになります。


またこの課題の大きな狙いは、**「伝達する力」を磨く**ことも挙げられます。

お客様からのご質問やご要望に自分で答えられないときは、一人で抱えこまず、周囲や担当のスタッフと連携して、スムーズに解決することが求められます。

伝言ゲームをしている様子

メモをとらないで伝える力をつける

つまり、お客様の声や情報を「伝達する力」が必須になります。

たとえ悪気がなかったとしても。事実を歪《ゆが》めて伝えたり、時間をかけすぎたりしていては、お客様に迷惑がかかってしまうでしょう。だから、特定のスタッフのみならず全スタッフの「伝達する力」を、伝言ゲームで常日頃から底上げしておくことが重要なのです。

「早く正確に伝えることが求められるなら、メモをとればよいのに」

そのような声をいただくこともあります。

けれども、現場を想像していただければ、接客中にメモをとるというのは、よほどのケースを除いて困難だということがおわかりいただけると思います。

現場にいると、特に混雑時は、大勢のお客様から矢継ぎ早に質問をいただきます。「込み入ったご質問だから記録をしたい」と気づいたとしても、メモを取り出す隙すらありません。また、メモをとると、お客様とアイコンタクトをするなどのコミュニケーションが、どうしても希薄になってしまいがちです。

ですから、筆記具で記録をするよりも、「脳をメモ代わりにする」という訓練をしたほうが、よほど現実的で効率的なのです。


もちろん「脳をメモ代わりにする」ことは、慣れていなければ、難しく感じることがあるかもしれません。

ただ、訓練次第でこの力は伸ばしていくことができます。だから、朝礼のような場で繰り返し磨くことが必要なのです。

さて、この課題を観察しているとある事実がわかります。

チーム毎に速さを競い合うわけですが、「丁寧に伝えているチーム」の勝率が、必ずしも高いというわけではないということです。

横で見聞きしていると「早口だなあ」と感じるくらい〝バタバタ感〟が多少あるくらいのチームのほうが、早さの点でも正確性の点でも、成績がよい傾向があります。

コミュニケーションの〝丁寧さ〟ではなく「大事な情報をピンポイントで見極める力」が問われるような気がします。

「大事な情報をピンポイントで見極める力」とは何か。「伝言ゲーム」の特性から一歩踏み込んで、考えてみましょう。

「伝言ゲーム」では、お客様の声を伝えていくとき、その情報量が多い場合は、端的に要約する必要があります。

また、膨大な情報に優先順位をつける力も重要です。

お客様から伝えられた情報の順番を入れ替えて、わかりやすく伝達しなければならないこともあります。丁寧な報告よりも、ポイントを押さえた短い報告が必要なことも珍しくありません。

仮想になりますが、一例を挙げてみましょう。

「気分が悪い」と訴えるお客様が現れたとします。

「私には持病があるんです」

「今日はちょっと熱も高かったんです」

「でもキティちゃんに会いたくて、△△県から飛行機で来ました」

そう言って、その場で倒れられた場合、その方にしっかり寄り添いつつも「救急車を呼んでください」という一言を、できるだけ早く、多くのスタッフに伝えることが求められます。

もしお客様の言葉を順番にそのままお伝えしていたらどうでしょう。

「持病があるというお客様がいらっしゃって、熱も高いようで、でもキティちゃんがお好きで△△県から飛行機で来てくださったんです。そして、今、倒れられました……」

このように冗長な速度で人に話していては、最悪の事態を招きかねません。

ですから、「大事な情報をピンポイントで見極める力」を伝言ゲームで培《つちか》っておくことは、非常に有意義なことなのです。

朝礼実例集③しっかり伝えたい仲間への感謝

この課題は、どのような業界、業種の企業にも通じる汎用性が極めて高いものです。小さな紙と筆記具さえ用意すれば、すぐに行えるので、ぜひ取り入れてみてください。

内容をひとことで言うと、「朝礼の会場で、他のスタッフへの謝意を紙に書いて伝える」というものです。その相手は「仲間」、つまり自分が所属している部署のメンバーということになります。

特に指定はしていませんが、「所属部署の同僚全員」を想定して書かれることがほとんどですが、特定のメンバーを想定して、書いてもよいということになっています。

課題を行う時間は約七分間なので、大量に書けるというわけではありません。

名刺より少し大きめの紙を配り、そこにメッセージを書いてもらうようにしています。

どのメンバーも「書きたい」「伝えたい」という思いが強く、「全く書けない」というような声は聞いたことがありません。

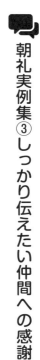

反対に「時間が足りない」というスタッフが多く、「あと一分あればもっとよかったのに」という声はよく聞かれます（実際は、時間を延長することはありません）。

大事なことは、「記入された紙を所属部署の全員に見せる」という点です。

そのことで、記入した本人とその仲間の絆がより一層強くなること期待しているのです。

また、記入の際にはあえて匿名でお願いしています。

もちろん直筆なので、筆跡や内容から誰が書いたものか特定できる場合もあるでしょう。ただ「自分の氏名は書かなくてよい」ということで、心理的なハードルが下がり、形式ばったものでなくなり、社交辞令にとどまらない本音のメッセージを期待できます。

これまでに記入された紙は、トレーナーによって回収された際にデータ化され、全て保存されています。

このように、私たちが朝礼によって限りない数のメッセージのやりとりを促進してきたことは、ピューロランドの財産であると胸を張って言えます。

また、どのような会社にとっても、人数に関係なく行えて、全社としての満足度も高い課題になることは間違いありません。
次に、過去のメッセージの中から、いくつかをご紹介しておきます。

【アトラクショングループ】

「いつもニコニコ元気でお仕事していて『さすが』と尊敬しています！困っているときのフォローはもちろん、『手伝えることがあったらいつでも言ってください』と普段から仲間のことを気遣ってくれる優しさに救われています。いつもありがとうございます」

「ミスしてしまったときに優しく『大丈夫だよ』と声をかけてくださる、その一言がとても嬉しいです。どうやったらミスがなくなるのかも一緒に考えてくださり、ありがとうございます」

【パークグリーン課】

「いつも協力し合いながら働ける環境が大好きです。

ありがとうございます！

オン（お客様の入るエリア）だけではなく、バックヤードまできれいにしてくださり、ありがとうございます。

夕方のシフトの方、遅くまでの清掃、本当にありがとうございます」

【アミューズメントグループ】

「いつも明るく、優しく接していただき、働きやすい環境を作ってくださり、ありがとうございます。

アミューズは私の心のよりどころです」

【サービスグループ】

「私の細かい疑問にも丁寧に答えてくださり、ありがとうございます」

【レストラン課】

「『ピアスをしたい』『おしゃれをしたい』など、いろいろ思う年頃の皆さん。

いつも一生懸命、働いてくれて、ありがとう。（ここで働いたことは）この先必ず皆さんの力となるでしょう」

【出演者管理課】

「いつも楽しくて、みんな仲良くて、皆さんのことが本当に大好きです。大変なこともたくさんあるけど頑張りましょう」

【商品販売課】

「お客様に楽しんでいただこうと常に考え、そして一緒に働く仲間のことも考えられる方がいると、嬉しくなって、『私も頑張ろう』ってなります」

朝礼実例集④声援を武器にするカップ積み重ね競争

「デザートカップ積み重ね競争」とは、その名の通り、デザートカップを積み重ねる早さを競う、ゲーム性の高い課題です。

朝礼の参加者全体を半分に分け、メンバーが順番に、机の上にデザートカップを置いていきます。

「一回あたり、何個置いてもよい」というルールですが、途中でカップが崩れたら、その瞬間で失格となります。

この課題のメリットは、全員が和気あいあいと楽しめることです。

トレーナーがMC（司会）役となり実況中継をすることで、より一層盛り上がります。

「デザートカップを積み上げる作業に静かに没頭して、速さを競う」というよりは、にぎやかな中で行われるほうが、メンバー間のコミュニケーションは深まります。

たとえば、味方と声援を送り合ったり、アドバイスやアイコンタクトのやりとりをしたりなどです。

ただし、あまりにも盛り上がってしまうと騒々しいので、もし朝礼でこの課題を採用する際は、声が外に聞こえても差支えのないスペースで行うことをおすすめします。

さて、この課題を私が観察していて、気付いたことがあります。

「デザートカップを積み重ねる作業」に「職人的な技や手先の器用さ、冷静さなどが問われるもの」というイメージがあるかもしれません。

また、「デザートカップを積み重ねることがうまい人」が多いチームが勝つ、と思われるかもしれません。

しかし、必ずしもそうとは限らないのです。

「チームワークの良いほう」「メンバーの仲が良いほう」「声援の多いほう」「コミュニケーションが密なほう」が勝つのです。

これは推論になりますが、仲間から声援をもらうことで個人のモチベーションが高まり、良い結果を招くのではないでしょうか。

想像してもらうと理解いただけると思いますが、自分の順番になると、同じチームのさまざまな立場の人からの声援を一身に浴び、注目されるわけです。

そのような**非日常的かつよい意味で〝期待されている状況〟では、発奮をしないわけがないのです。**

実はこの「デザートカップ積み重ね競争」は、「良い意味で期待されている状況」に誰でもすぐなれることを、大きな狙いとしています。

この課題で、明るく前向きな気持ちになり、自分自身を肯定し、「目標を達成するぞ」というマインドセットを終えた後で現場に立つと、当然ながら仕事の質も向上します。

つまりこの課題では、「瞬時にチームワークを強める力」を磨いたり、仕事の直前にモチベーションをアップできるのです。

決して「単なるお遊び」ではありません。深い意味を持つワークであることを、MC役はよく理解して臨んでみてください。

最後にこの課題で使用する道具についてご説明をしましょう。

「デザートカップ積み重ね競争」という名前の課題になっていますが、必ずしも「デザートカップ」である必要はありません。

ピューロランドの朝礼では「このようなカップが使われている」ということをスタッフに知ってもらう意味も兼ねて館内のレストランから借り受けたデザートカップを使用していました。

なお、このデザートカップは落としても割れない材質のもので、お客様には出せないほど劣化したものを利用しています。

ですから、割れにくく積み重ねに適しているものであれば何でも構いません。自社製品や自社にちなんだ物品で代用していただければと思います。
「ほぼ同じ形のものが、大量にない」という場合、使用済のかまぼこ板を洗ったものや一〇〇円ショップで入手できる紙コップなどもおすすめです。

朝礼実例集⑤パーク全体を「間違い探し」する

この課題では、あえて乱れた環境を作ったり、望ましくない装いをしたり、不敵な態度をとって、互いに指摘をし合います。

つまり、「良くない例」をあえて演じて、違和感に気付く力を磨くことを目的としています。

具体的には、職場環境を再現できる小道具をいくつか事前に準備しておき、全参加者を「良くない例を演じる側」と「指摘をする側」とに分け、交互に指摘をし合う、という流れです。

「良くない例」とは、次のようなものです。

・館内整理用のロープが置かれているが、それがゆるみすぎている。
・ゴミが乱雑に散らかっている。
・スタッフが、お客様のいるスペースで、椅子にふんぞりかえって座っている。
・スタッフが、お客様のいるスペースで、タバコを吸って休憩をしている（実際に喫煙することはせず、演技をする）。
・スタッフが、お客様のいるスペースで、悪い姿勢で立ったり、座り込んだりしている。
・スタッフが、お客様のいるスペースで、フレンドリーではない表情をしている。
・スタッフが、お客様のいるスペースで独りごとを言ったり、大声で私語をしたりしている。
・スタッフが、お客様の顔を見ず、そっぽを向いて応答をしている。
・スタッフが、悪い言葉遣いで、お客様の質問に答えている（丁寧語や敬語を使わないなど）。
・スタッフのコスチュームが、乱れている（ボタンのかけ忘れ、蝶ネクタイのゆがみなど）。
・スタッフが、本来付けるべき名札を装着していない。
・スタッフの髪型が、乱れている（もしくは、ずっと髪を触りながら接客をしているなど）。

このようなさまざまな乱れは、絶対にあってはならない事柄ばかりです。

特に接客業においては、すぐにクレームをいただきかねないレベルの「よくない例」です。

しかし、これらの「良くない例」を一〇〇パーセント撲滅できているかというと、残念ながらそうとは言い切れません。

気がゆるんだときや繁忙期、閉館間際の混雑時などに、ロープが少しゆるんでいたり、小さなゴミが落ちていたり、ということはピューロランドでもゼロではありません。

そこで、いかなる状況においても「良くない例」を起こさないように、この課題で「NG行為」を心に刻み込むというわけです。


もし、この課題を接客業以外の職種で実践する場合は、個人のデスク周りや職場の共有スペースの乱れ、電話応対のマナーなどに焦点を当てるのがよいかもしれません。

またこの課題には、隠れたもう一つの狙いがあります。

それは、**「スタッフが互いに注意をし合うこと」に対しての心理的なハードルを下げてもらうということです。**

相手の外見や環境について違和感を覚えたとき、すぐに注意を促すことができれば理想的です。

しかし、立場や役職の違いを越え、目上と思われるスタッフや、初対面のスタッフに声をかけるには勇気が必要でしょう。

年に数回にせよ定期的にこの課題に取り組んで他のスタッフに注意する訓練をしていれば、「違和感に気付く」だけでなく「それを改善したい」というマインドまで自然と育つようになりました。

朝礼実例集⑥橋を渡るバリエーションを競う

この「橋を渡る」という課題は、臨機応変に対応する力や表現力を磨くためのものです。

演劇の世界では、台本や打ち合わせなしで、突然出された「お題」に従い、演技をする「即興劇」というパフォーマンスの形式があります。それは、表現力や演技力を鍛えることを目的としています。

この手法をビジネスの現場に取り入れ、接客のプロとしてのマインドや態度を鍛えるのが、この課題の目的です。

具体的な方法としては、ロープ等で床に仮想の「橋」を示し、一人ずつ演技をしてもらいながら、橋を渡る演技をしてもらいます。

約七分間の間、一人につき複数回、演技を披露してもらいます（参加者の人数によって異なりますが、一人あたり五～一〇回ほど）。

さらに、次のルールが付け加えられます。

・他の参加者の演技も見て、「今までとは違う渡り方」をすること。

・演技をしている人が「今までとは違う渡り方」ができたら、見ていた人は拍手をすること。

「大勢の前で演技をする」というだけでも表現力は磨かれます。しかし、それに加えて追加のルールも守ることで、発想力や注意力を鍛えることができます。

また他の参加者の演技をみんなで注視することで、連帯感も高まります。

では実際にどのような演技を参加者たちは見せてくれるのか、過去の例を挙げてみましょう。

・片足で「けんけん」をしながら、橋を渡る。
・「けんけんぱ」をしながら、橋を渡る。
・ジャンプをしながら、橋を渡る。
・ときどき下をのぞき込む演技をしながら、橋を渡る。
・写真を撮る演技をしながら、橋を渡る。
・綱渡りをするように、バランスをとる演技をしながら、橋を渡る。
・動物（カエルやウサギ、ゾウなど）になりきった演技をしながら、橋を渡る。

興味深いのは、後半になってそろそろネタが尽きてきたり、悩んでしまう参加者が出てきたとき、必ずといってよいほど、〝外野〟からの助けが入ることです。

どんな演技をすればよいのか悩み始めてしまったAさんにBさんが「一緒に渡りませんか」と声をかけ、二人三脚で橋を渡ったり、Cさんが「誰か私の足を持ってくれませんか」とパートナーを募ってDさんに両足を持ってもらいながら「両手歩き」で橋を渡ったりと、〝SOS発信〟が自然にできるようになることも、この課題の大きなメリットです。

「とはいえ、人前で即興の演技ができるのは、ダンスなど、普段からエンターテイメントに携わっているスタッフが多いからではないでしょうか?」

このような質問もよくいただきます。

確かに、朝礼の参加者にはダンス経験者も混じっています。しかし、ダンスなどをやっているスタッフの割合は多くはなく、全体の三割もおらず、ダンス未経験者が大多数です。

ですので、一般的な企業にとっても十分実践できる課題だと思われます。

用意するものはロープのみ。紐《ひも》で代用してもよいですし、床に養生テープを貼るなどして「橋」ということがわかれば十分です。

朝礼の会場は、できれば広めのほうがよいかもしれません。

注意していただきたいのは「演技の上手さ」を追求するわけではないということです。

「お客様に喜んでいただく方法を、臨機応変に、迅速に見つける力」を磨くことが狙いなのです。

朝礼実例集⑦「褒め言葉」で気持ちを伝える

学校や子育ての現場で子どもを「褒めること」は珍しくありません。

しかし、社会人になると「褒める」機会が一気に減る気がしませんか。

取引先や重役を「褒めること」は日常茶飯事であっても、部下や同僚などの〝身内〟に対して「褒めること」は、案外少なくなってしまうものです。

面と向かって大人を「褒めること」は、確かに面映ゆいものです。

ですから、たとえ相手のことを「すごい」と感じたり、尊敬の念を抱いていたりしたとしても、積極的には表現せず、その気持ちを「態度で示しているつもり」「自然に相手に伝わっているはず」と思いたくなります。

しかし、そのようなポジティブな気持ちは言葉で伝えたほうが、より理想的なのです。

褒める側と、褒められる側のコミュニケーションが深く、濃く、緊密になるからです。また、そのようなコミュニケーションが満ちあふれている場は、必ず明るく幸せな雰囲気になります。相手を「褒めること」には、大きな効用があるのです。

このような効果に注目して編み出されたのが、この「誉め言葉」という課題です。

やり方は至って簡単です。

参加者をグループに分け、そのうちの一人に真ん中に座ってもらい、残りのメンバーでその一人を褒めるのです。


細かな決まりは次の通りです。

・一グループあたりの人数は、だいたい一〇人以下で揃えること。
・「褒められる人」は、じゃんけんなどで決めること。
・「褒められる人」は、交替制にすること（約七分のうちに、だいたい三人前後を褒めることができる）。
・年齢や立場など関係なく、遠慮せずに褒める。
・過去のことを褒めてもよい。
・「誉め言葉」しか口に出してはいけない（批判的なことは言わない）。

実際に聞かれる誉め言葉には、次のようなものがあります。

・「笑顔が自然で、とても素敵です」
・「優しい雰囲気ですね。お声がけしやすいです」
・「いつも売り場で一生懸命接客されているなあと思って見ていました。お話ししたいなあと思っていたんです」
・「△△さんの部署には、いつもお世話になっています。素晴らしいお仕事をされていますね。ありがとうございます」

「同僚を褒めて、何になるの?」なんていぶかしむ方もいるかもしれません。

しかし「褒める」という行為は、実際に挑戦してみると、なかなか難しいことです。

まず、**「褒めるに値する点」を一瞬で見つけなければなりません。**つまり、「他人のいいところ探し」をする必要があるのです。

対象が初対面のスタッフであった場合、その人の普段の態度も、仕事への思いも、趣味や嗜好《しこう》も知らないわけですから、難易度はぐんとアップします。

ただ、この「他人のいいところ探し」をする能力は、接客に非常に役立ちます。

一人を囲んで褒めている様子

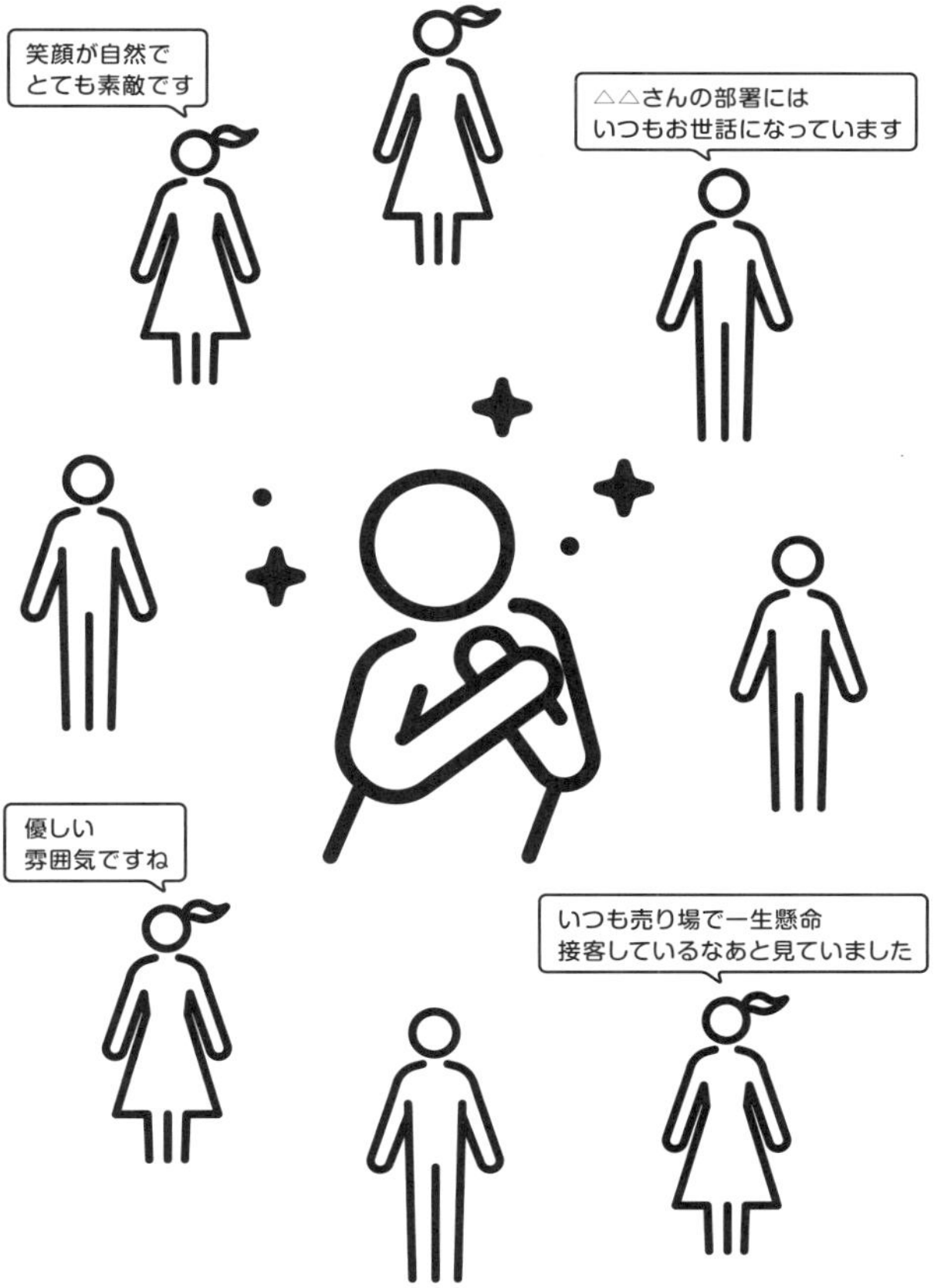

褒め慣れることで接客力UP！

たとえばピューロランドでお客様に接するとき「キティちゃんのTシャツを着てきてくれたんですね！」などという**言葉がけを臆せずにできると、その後のコミュニケーションがとても円滑になります。**

また、キャリアの短いスタッフの場合、お客様の「キティちゃんのTシャツ」にたとえ気付いても「恥ずかしくて、口に出せない」ということもあるでしょう。そのような心理的なハードルを取り払うことも、この課題の大きな狙いです。

つまり、瞬時に「他人のいいところ探し」をして（インプット）、臆せず口にする（アウトプット）という二方向の力を鍛えられるのです。

応用形としては「褒め言葉を紙に書き出す」というスタイルや、「二人一組になって、そこにいない第三者を褒める」というスタイルもあります。

「褒め言葉」を自由自在に操れるようになると、接客の技術がぐんと増します。ぜひ実践してみてください。

第4章

朝礼を支える仕組み

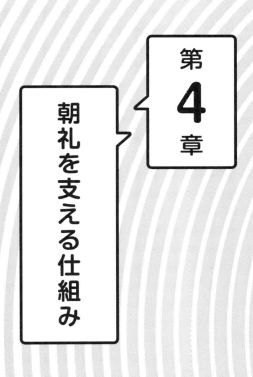

プログラムは一カ月サイクルで自分たちが決める

朝礼を始めた頃は、講師を外部の方に委託して、私と講師で内容を決めていました。スケジュール表を作り、「アイスブレイク」と「本編」の二本立てでコンテンツを考え、長期的な視点と短期的な視点の両面から、試行錯誤を重ねてきました。

朝礼開始後、一年半で、「自分たちで全部やろう」という声が上がり、講師役も完全に内部のスタッフだけで運営をすることにしました。

当時は、朝礼の運営のために私以外に三人のスタッフが携わっていました。

そして回数を重ねるうちに他の部署からも朝礼についての提言や運営スタッフになりたいという申し出が相次ぐようになりました。今では多くのスタッフが、朝礼の企画立案・運営に携わるようになってくれています。

もちろん、自身の日常業務に加えての朝礼の企画運営ですから、タスクが増えることになります。

それでも、「ピューロランドを良くしたい」というモチベーションから積極的に関わってくれるスタッフに、いつも感謝をしています。

朝礼の企画運営に携わるスタッフの所属は部署横断で、あらゆるエリアの人材が集まっています。これは非常に大事なことです。

朝礼を動かす側に立つと、違う見方ができるようになります。館内のさまざまな問題が「自分事」として見えてくるようになるのです。

するとセクショナリズムから脱却し、他部署への気遣いや思いやりなどが生まれるようになります。

そのような人材が、さまざまなエリアに偏らずにいると、相乗効果で、より広範囲の優しさが生まれます。


このように朝礼を自社で〝内製化〟することには大きな意味があります。

人材育成のプロである外部の講師に朝礼の企画運営を委託すれば、素晴らしいコンテンツを提案、提供してくれることでしょう。

しかし、技術的には多少拙《つたな》い部分があっても、スタッフが自力で朝礼をするということ自体に大きな意味があるのです。そこには**「内部の人間が責任を持って行う」**という〝血〟

が通っているからです。

では、ここからは具体的にどのように朝礼を運営するのか、お話ししておきましょう。

ピューロランドでは「一カ月」を一つの区切りとして捉え、一カ月分のプログラムをまとめて決めます。

毎月、下旬になると、複数いる担当者が翌月分のプログラムを決定し、社内の共有データに記入をします。たとえば、「第一日曜日はアトラクションエリアの担当者」「第二日曜日はサービスグループの担当者」などといった具合に、分担が決まっています。

特に日曜日と火曜日は、さまざまな部署からプログラムを提案してもらうことになっています。

全ての担当者が共有データに記入を終えると、それらをまとめて私に報告してくれます。

たとえば四月の朝礼のスケジュールを決めるのは、「三月の下旬」、遅くても「三月末」ということになります。

今までの蓄積もあるので、現場のスタッフを信頼し、基本的には任せていますので、上がってきたスケジュールに私が大きく介入することはありません。ただ、特に気付いたことがあると、私から提案をすることもあります。

たとえば、忙しい日が続いた時期などは、笑顔がどうしても出にくくなるので「この時期に改めて意識づけをしたらどうか」などという提案です。

ですから、プログラムは、現場のスタッフがほぼ全て考えているといってよいでしょう。

手前味噌になりますが、このようなレベルの研修プログラムを「自社で作成している」という企業は、まだまだ少ないのではないでしょうか。

プログラム作成の中心メンバーであるKさんと、プログラムを組み立てる期間はどれくらいがよいか話をしたことがあります。その際、やはり「〝一カ月〟というスパンが、スケジューリングには最適」と答えてくれました。

「ここが少し弱い」「もっとこうすればよい」「より盛り上げるには、ああすればよい」このような作業を経てコンテンツとしてまとめるには、「一カ月」という単位が最適なようです。

Kさんは、常に現場にいます。「お客様」にも「スタッフ」にも、最前線で接しています。

ですから、もはや無意識のうちに「これをプログラム化しよう」という気付きやアイディアが湧いてくるのでしょう。

また「ゲーム性の高いものに偏らないようにしよう」「真面目なコンテンツばかりが連続しないようにしよう」など、バランスをとることにも長《た》けています。

それらはまだ言語化されてはいないスキルですが、将来的には「一冊のビジネス書になるのではないか」と思えるほど、高度に洗練された力です。

ピューロランドの朝礼は、一つのカルチャーの域にまで達していると私は自負しています。

ただし私は、その仕組みを最初に提案しただけで、工事で言うと大工さんの行う「棟上げ」までを行っただけです。

それから多くの社員が型を見事に継承し、骨組みを作り、より発展的に昇華し続けてくれています。

現場の問題意識をプログラムに反映する

ここまで見てきたように、朝礼のプログラムを作る上で、重要なのは〝現場密着型〟で

朝礼の運営スタッフの変化

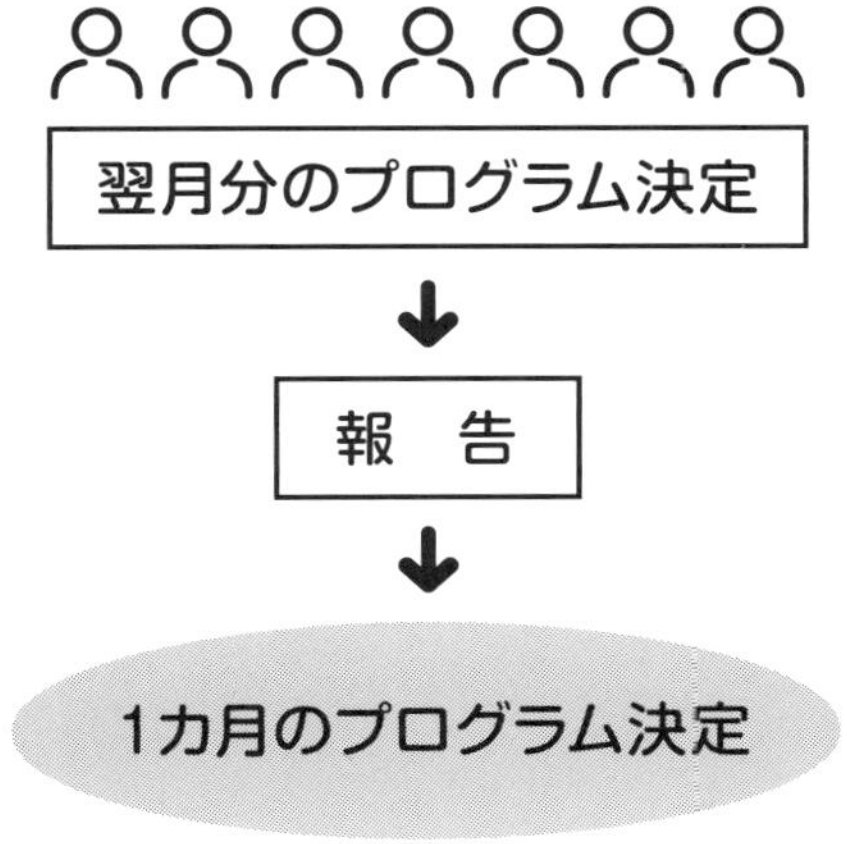

あることです。

「トップダウン」ではなく、現場に精通したスタッフの視点で考えることが必要です。

プログラム作成の中心メンバーであるKさんに、よいスケジュールを立てる秘訣を聞いてみたところ、次のように教えてくれました。

「夏休み期間でスタッフさんが疲れてくる頃には、モチベーションアップを狙ったコンテンツを投入することがあります。また新しいアルバイトさんが入ってくる時期には、館内のエリア環境について考えるような内容にすることもあります。〝旬の出来事〟や〝時期〟〝タイミング〟を常に意識するようにしています」

このように、朝礼のプログラムは〝現場ありき〟なのです。

実際、朝礼の運営者は月に一度ミーティングを行い、現場の情報共有に努めています。

メンバーは各エリアから六〜七名です。

「最近のアルバイトさんは、こんな様子だ」

「お客様に、ある傾向が見られるようになった」

このような率直な意見や感想をぶつけ合い、朝礼のプランニングに活かしています。

単に「現場に気を配る」だけではありません。さらに高いレベルで言うと、館内で起こる問題を、なるべくリアルタイムで共有したいという思いがあります。

ですから、プログラムを直前で差し替えたりすることも珍しくありません。

たとえばクレームを頂戴したとき。それを「自分事」として捉えられるようにシミュレーションできるようなプログラムを考案し、「緊急性の低いプログラム」と入れ替えます。

そうすることにより、トラブルの再発防止に努めることができるというわけです。

このフットワークの軽さも、朝礼の運営部門の大きな長所です。

もし、月初めに何か、問題が起こった場合、「もうスケジュールは決まっているから」と、次の月の朝礼で取り上げたとしたら、時間が経ちすぎて効果が限定的になってしまいます。

朝礼は、ある意味、危機管理の場でもあります。

「危機管理」というと、いかめしいイメージがつきまとうかもしれません。

しかし、ピューロランドの危機管理とは「かわいい危機管理」です。

かわいらしく、優しく明るい雰囲気の中で、実質的なメッセージを確実に伝えることができている点は、特筆すべきだと思います。

このように、現場の問題意識を、迅速かつタイムリーにプログラムに反映させることが重要なのです。

一人ひとりが部署を代表している意識を持つ

「コスチューム効果」という用語をご存知でしょうか。

「着ている服装が持つイメージ・期待に合わせて意識が変化する」という効果を表す言葉です。

身近な例で考えてみましょう。

スーツを着れば、ちょっと疲れていても、ビジネスパーソンらしく振舞いたくなります。反対に、楽なスウェットに身を包むと、忙しいときであっても、自然とリラックスして、休日のようなオフモードになるものです。

このようにコスチュームは利用の仕方によって人の心に影響を及ぼすのです。

ピューロランドの朝礼でも、この力を最大限に活かしています。

どういうことかご説明しましょう。

1/8　アミューズメント課のお仕事紹介

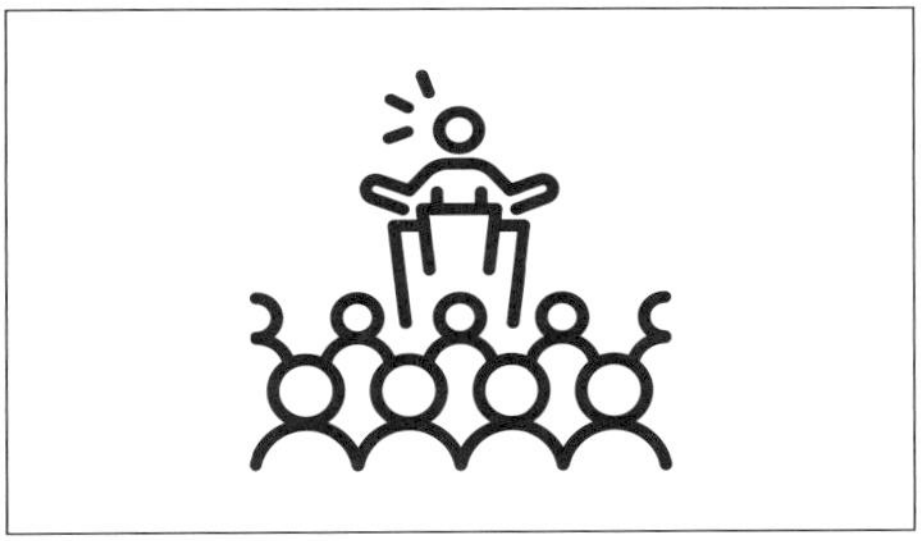

1/12　オリジナルのパレードフロートを考えよう

1/13　多摩センター駅周辺のデザインを見よう

自分の持ち場のコスチュームを正しく身につけて朝礼に出ると、あたかも自分がその部署の「代表」であるかのような気持ちになります。

そして、「代表」にふさわしい言動をとろうというポジティブな意識が作用するのです。その結果、部署の「代表」として積極的にワークに参加したり、ネガティブではなく建設的な意見を述べたり、その場を明るく盛り上げるような行動をとれるようになります。

もちろん、コスチュームが何であれ、そのような気持ちで朝礼に参加することが重要です。けれども人間ですから、なかなか気分が乗らないということだってあるでしょう。そのような精神状態のムラをなくし、いかなるときであってもモチベーションを一定の高さ以上に、一瞬で引き上げることができるのがコスチュームの力なのです。

コスチュームを着る効果は、自分の意識が高まるだけではありません。コスチュームを着た相手の姿を見ることで「相手は○○部の代表なのだ」と強く意識することができます。

そして、「部署を代表する者同士、よりよいお付き合いをしなければ」という気持ちや責任感が一層強まり、よりよいコミュニケーションができるようになります。

コスチューム効果

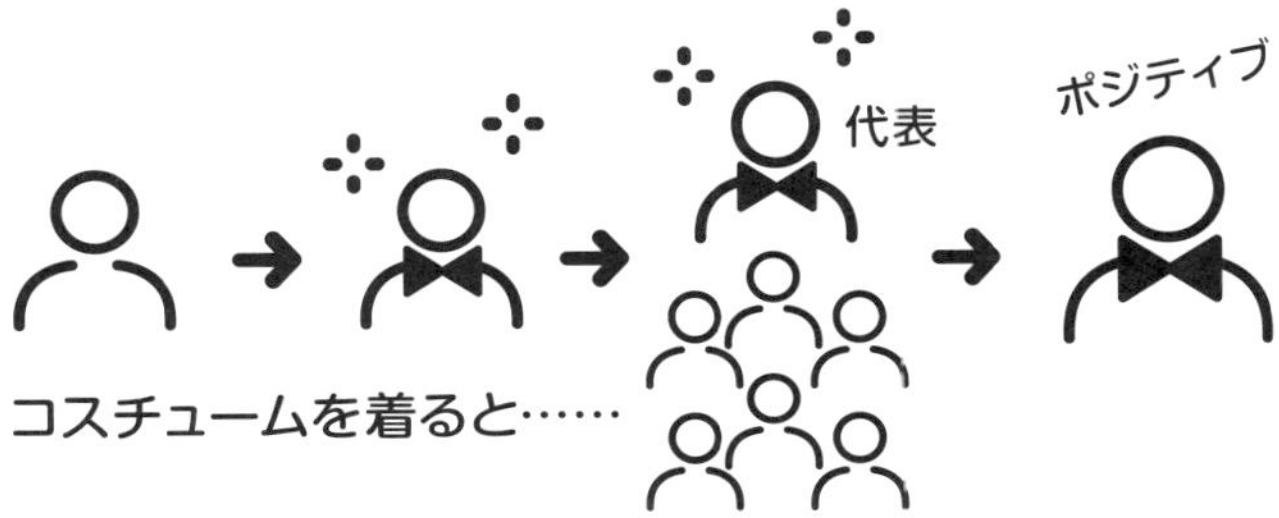

一般的に、コスチューム（制服）には、「帰属意識を高める、ひいては愛社精神を高める」などの効果があるとされています。

確かに、それは事実でしょう。実際、ピューロランドの現在のコスチュームは、「デザイン性が高い」「かわいい」などと圧倒的な支持をいただいています。

ありがたいことに、スタッフからも、お客様からもとても好評です。

「コスチュームを着たい」というだけの理由で、ピューロランドで働くことを志願してくださる方もいるくらいです。

しかし、**コスチュームには「かわいい」以上に気持ちを引き締め、部署の顔として責任感を持って前向きにしてくれる効果があるの**

です。

一週間の朝礼内容を全社員で毎週共有する

ピューロランドの朝礼は、担当者が必ず撮影をして、週報として書面に残し、全社員にメール配信をして共有しています。

メールで送信しておくと、時間の空いたときにじっくり読んでもらえる可能性が高まります。

朝礼に参加をしていない部署の社員も朝礼の内容を手にとるように知ることができます。配信は通常、日曜の午後です。毎回心のこもった内容は、疲れた体と心にしみわたります。配信後は社内のそこかしこで週報に関する感想や意見を見聞きします。

もちろん、私や担当者本人に直接声を届けてくれる社員もたくさんいます。参考になる意見が多く、この週報の仕組みはとても大事だと痛感しています。

週報は印刷すると、カラーのＢ５サイズとなり、上半分が文字による総括で下半分が写

ウォーミングアップ朝礼　週間報告

2019年1月7日（月）～1月13日（日）　運営推進課 A

日付	1/7（月）	参加人数	社員27名 PF101名	トレーナー	A

内容 同じ言葉でも表情で伝わり方は変わる
目的 ゲストの気持ちに添ったご案内をする
特記 表情によって、「怖い」「かわいい」などのお互いの印象を伝え合った

日付	1/8（火）	参加人数	社員33名 PF90名	トレーナー	B

内容 アミューズメントグループのお仕事紹介
目的 ゲストへのご案内に役立てる
特記 過去のカーニバルゲームを体験した後、現在のゲームの景品紹介を行った

日付	1/11（金）	参加人数	社員21名 PF82名	トレーナー	A

内容 Hello Kitty 45th Anniversary 情報確認
目的 イベント内容を理解し、積極的にゲストへご案内する
特記 レディキティハウスショップのノベルティ、バラのお返しロゼットの見本紹介

日付	1/12（土）	参加人数	社員9名 PF59名	トレーナー	C

内容 オリジナルのパレードフロートをイメージしてみよう
目的 即興性と表現力を養い、ゲストサービスに役立てる
特記 様々な発想でコンセプトやデザインを考え、自分のフロートをペアの方に紹介した

日付	1/13（日）	参加人数	社員13名 PF69名	トレーナー	D

内容 多摩センター駅周辺のサンリオデザインを見てみよう
目的 入場するゲストが見る景色を知る、コミュニケーションに役立てる
特記 京王線と小田急線の駅のサンリオデザインにまつわるクイズを出題

【総括】

1/7は小巻館長よりご提案頂いた「同じ言葉でも表情で伝わり方は変わる」をテーマに行った。「大っ嫌い」を怒った表情で伝えた時は、PFさんから「怖い」という声がたくさん聞こえてきたが、同じ「大っ嫌い」を笑って伝えると「かわいい」という声が聞こえてきた。

同じ言葉でも、言い方や表情で全く違う印象になる事をPFさん一人ひとりが感じてくれたので、ぜひオンステージでも活かしてほしい。言い方が気になるPFさんには、各エリアで個別にやっていただけたらと思う。

1/12、13はサンリオレインボーワールドレストランで実施。レストランのオープンに合わせ最終回が通常より1時間早かったため、残念ながら参加者が少なかった。

今週も各トレーナーが、ウォーミングアップ朝礼の内容をしっかり考え工夫をして楽しいものにしてくれたので、PFさんも毎日楽しく笑顔で参加できていた。

社員の熱意はPFさんに伝わり、モチベーションを上げるきっかけとなるので、社員自らが楽しみ、充実感を感じながら仕事に向かえるとよいと思う。

真等のビジュアルです。
一人の担当者が、一枚の週報を作成するというスタイルです。
以前は、毎日配信をしていましたが、作るほうにとっては負担が過剰になるし、見るほうにとってもスルーしてしまいがちになってしまうため、現在は一週間に一回という頻度に定着しています。

担当のKさんに、印象に残っている週報に関する問い合わせについて聞くと、次のような答えが返ってきました。

「休んだ回の朝礼について、もっと深く知りたいと言ってくれた社員がいました。週報を受け取っていないアルバイトさんにも知らせたいし、自分もより深く知りたいですと熱く訴えられました。このときは週報を毎回出していて本当によかったと思いました」
このように、欠席した回の情報についてまで、関心を持ってくれるスタッフがいるなんて、本当に嬉しくありがたいことです。

朝礼という習慣が全社に浸透し、それによって二重、三重によい効果が生まれるように

なりました。

しかし、どんなによい取り組みをしていても、他に知らしめるきっかけがないと、当事者以外には「なかったこと」になってしまう可能性もあります。

一見すると、「自分の職種や職域には関係のないこと」と思えることでも、そこに仕事のヒントが潜んでいることがよくあります。

ですから、単に朝礼をするだけでなく、その成果を朝礼に参加していない社員も含めて全社で共有する週報の仕組みは、とても重要なのです。

第5章

朝礼を導入しよう

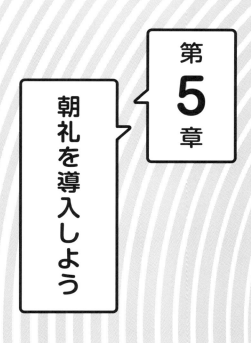

朝礼で会社がどんどん「ほぐれて」いく

朝礼の導入に興味を持ち、本書を手にとってくださった方は、今の職場の現状に多かれ少なかれ何らかの課題を感じていらっしゃることと思います。

「うちの会社でも朝礼やってみようか」

「朝礼をやったら、よい方向に変わるんじゃないか」

このように「何かを変えたい」という思いが前提にあるはずです。

「企業カルチャー（風土）を変えたい」「上司を変えたい」「働き方を変えたい」……。さまざまな「変えたい対象」があるでしょう。

最近、そのようなご相談をよく受けるのですが、「変えたい対象」の多くは、抽象的で非常に漠然としたものです。たとえば「企業カルチャー」と一言で言っても、そもそもどんなカルチャーがあって、全部変えたいのか、一部なのか、何が課題なのか、漠然としていては対策の立てようがありません。

では、漠然と何か課題があり、しかし明確には見えていないものを変えたいときに、いったい何に注目すればよいのでしょうか。

多くの場合、その答えは「人間関係」です。

「企業カルチャー」も「上司（との関係）」も「働き方」も、会社の問題として浮上してくるほとんどの対象の根幹に「人間関係」が横たわっています。

ですから、人間関係を改善することで、好転し、よい変化が現れ始める場合が多いのです。

たとえば、ミクロ的な視点で見ると「そういえば、うちの職場は挨拶すら交わしていない」という事柄に気付くかもしれません。そのような個々の「小さいと思える問題」を解決していくことで、自ずと企業カルチャーが改善されていくことになります。つまり「企業カルチャーを変えるために必要なこと」を、細かく洗い出していくわけです。

これを専門用語で「問題をチャンクダウンする」と表現します。

「チャンク」とは「かたまり」のことで、「チャンクダウン」とは「かたまりをときほぐす」ということです。

「チャンクダウン」は、コーチングの世界で使われる言葉で、相手の話が漠然としているときに、5W1Hで質問し、気付きを促すといった使い方をします。

では、「チャンクダウン」をどのように使うのか、ピューロランドの場合を考えてみましょう。


ピューロランドの変えたいことは究極には「赤字体制」でした。「赤字を黒字化する」という命題のため、問題をチャンクダウン、つまり、かたまりをときほぐしていきました。

その結果、「黒字化のためには、部署横断のコミュニケーションが大事」という答えが導き出されます。

とはいえ、スタッフに「部署横断のコミュニケーションをしてください」と何度言ったところで、具体的なイメージは伝わらないでしょうし、何も解決しないでしょう。

そこで「よいコミュニケーションとは何か」と、さらにチャンクダウンをするのです。

よいコミュニケーションのために、まずはみんなが必要だと感じている「お客様へのよいサービス」から始めるといい。それは「挨拶の仕方」「言葉遣い」「表情」「笑顔」、これらのポイントが浮き彫りとなります。

では、これらの問題を、できるだけ効率よく解決するためにどうすればよいでしょうか。

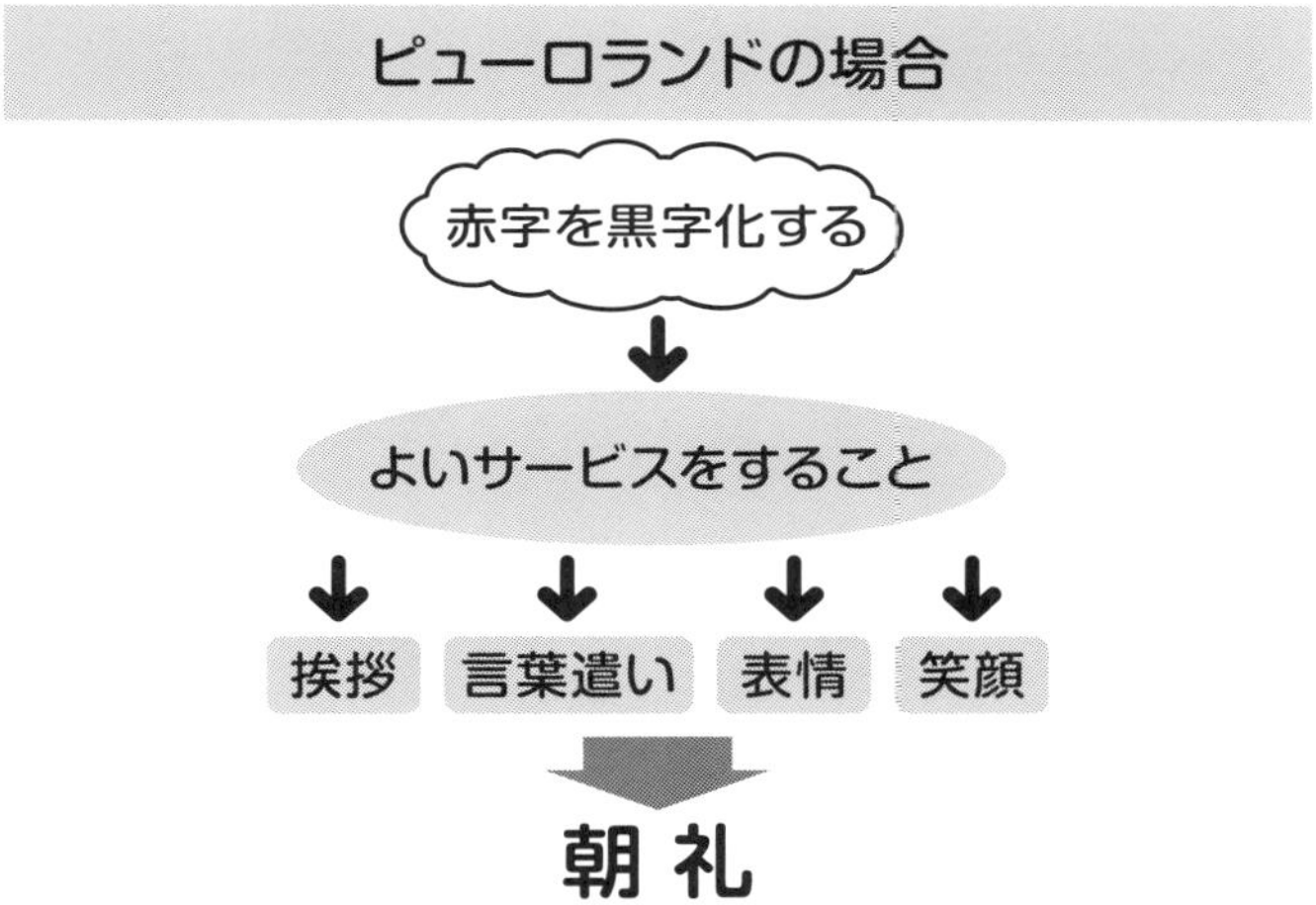

徹底して考え抜いた結果、浮かび上がってきた方策が「朝礼」だったのです。

このように、**ビジネスの現場で何かを変えたいという際には、問題を整理し、かたまりをときほぐしていくようにロジカルに考える姿勢が重要です。**

「なんだかよさそうだから」などという曖昧な理由ではなく、そこに揺るがない必然性やストーリーがあれば、問題は必ず解決へと至るはずです。

人間関係やコミュニケーションの問題が根幹に潜んでいる場合、「朝礼」が特効薬となることは非常に多いです。

朝礼の導入を考えている方は、「何を変えることを目的としているのか」を明らかにして、職場の問題をチャンクダウンする作業を行ってみてください。

「今までと違う何かが始まった」というインパクト

会社を変えるために何かを新しく始めるとき、できれば、より多くの人に「今までやってこなかった何かが始まった」とインパクトをもって気付いてもらうことが理想的です。たとえば、朝礼を始めたら出勤の時間差は多少あるかもしれませんが、ほぼ全員に気付いてもらうことができるでしょう。

「朝礼」が行われる「始業時」というのは、非常によいタイミングです。自分の職場に入って「これから頑張るぞ」というモチベーションが一日で最も高まる時間帯だからです。

これが終業時であれば「少しでも早く帰りたいのに」という思いを抱くスタッフもいて、モチベーションが高まらないかもしれません。

「モチベーションが高い時間帯に、新しい取り組みが始まった」というだけで、全スタッフによい印象を与えることができます。それによって、朝礼で得られるメリットも最大化できます。

これが、もし見えにくいアクションならば、インパクトを与えられません。スタッフ間で「始まったね」というポジティブな感情のやりとりも生まれず、定着しにくいことでしょう。

これは推察になりますが、リアルに集合して行う「朝礼」ではなく、全員がデスクに着席したままで行う「チャット朝礼」「スカイプ朝礼」であったなら、大きなインパクトを与えることは難しいのではないかと思います。

科学技術が発達し、インターネットやＡＩ、仮想通貨等、バーチャルなものの恩恵を享受できる時代となりました。

けれども、それらは全身や五感を使うことから、どんどん遠ざかるような作りになっています。

人間は生身です。実際に顔を突き合わせ、対面で言葉を交わし、肉眼で相手の服装や表情から非言語情報を受け取ることで、新鮮な情報を得ることができるのです。

そのような生の情報を得ることをおざなりにしていては、お客様の気持ちを汲み取るような想像力を鍛えることができなくなってしまいます。

生身の体、五感で情報を得ることは、私たちに本物のインパクトを与えてくれます。本物のインパクトを日常的に受け続けることで、さまざまなビジネスのスキルは向上していきます。

遠回りにも思えるかもしれませんが、「リアルでわかりやすいインパクトを受け続けること」が重要なのです。

燃えやすい人から燃え始めて、空気が変わる

いざ新しいことを始めようとするとき、覚えていてほしいことがあります。

それは、「反対する人」が必ず現れるということです。

「そんなものが何の役に立つんだ」「そんな時間があるなら、別のことに注力したほうがいい」ｅｔｃ……。

老若男女問わず、反対派は必ずいるものだと捉えておきましょう。

そもそも「新たな挑戦」には、「現状を否定する」というインパクトが多少なりとも派生

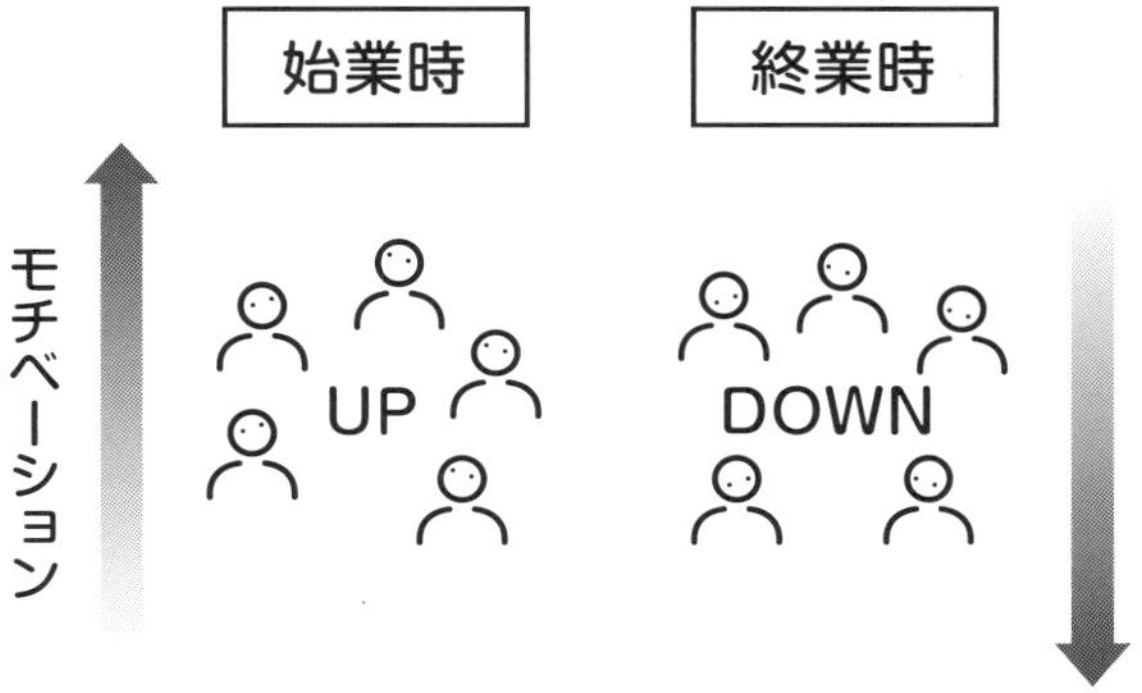

します。

「今までの状況がダメだったから、新しいことに取り組みましょう」ということは「今までやっていなかった人たち」にとっては、「あなたはダメでしたね」と伝えているのと同様のインパクトがあるのです。

もちろん、そのように相手を非難するような厳しい気持ちがなかったとしても、「今までやっていなかった人たち」は、そう受け取ることもあります。

すると、新しい取り組みに素直に賛同できなくなるというわけです。それは「過去の自分を否定する」ということと同義ですから、ごく自然な心理です。

極端なことを言うと「新しい取り組みなんて失敗すればいいのに」と願う人がいても、おかしくはありません。積極的に「失敗すればいい」とまでは思わなくても、心の奥底では失敗を望むことがあります。

それは心理学的に言うと「有能性の証明」という言葉で説明がつきます。

人は誰でも「他人より自分のほうが優秀である」「自分のやり方のほうが優れている」と思いたいものなのです。

そのような気持ちを表立って伝えることはありません。ただ、無意識下で、そのような心理が働くことはよくありますし、組織の中では、よりその傾向が強くなります。

ですから、「新しい取り組みなんて失敗すればいいのに」という人やグループが現れても落胆せずに、初めから「そういう人が現れるもの」と覚悟しておきましょう。そのほうが余計なストレスになりません。そのかわり、賛同してくれる人やグループに、気持ちをフォーカスし、モチベーションを高く維持することです。

「私もこんな取り組みがあればと、前から願っていたんです」

「新しい挑戦にワクワクします」

このような**ポジティブな考えの人たちを巻き込み、気持ちを合わせて、習慣化を目指し**

ていきましょう。

焚火の法則

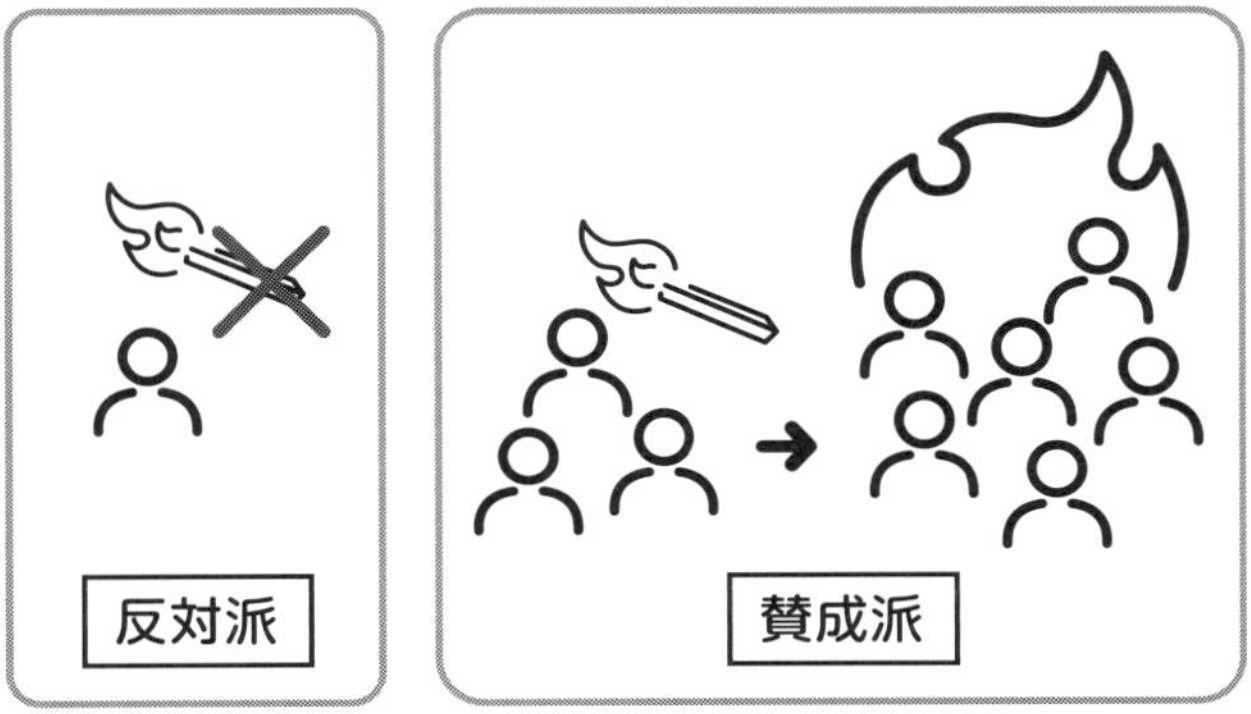

気持ちが「燃えやすい人」「すでに燃えてくれている人」を味方につけるのです。すると、そのよい影響が自然と職場にいつしか広まっていくようになります。

これは「焚《たき》火《び》の法則」と言います。

濡れていて燃えにくい木に何時間も火をつけようとして、マッチをすり続けても、マッチがなくなってしまうだけです。乾燥していて燃えやすい木を見極め、それを燃やすほうが効率的です。

燃えやすい木についた火は、やがて他の燃えにくい木にも自然と燃え広がります。どんなに優秀な人でも時間や体力などのリソースは有限です。貴重なリソースを割りの合わない作業に費やすことは避けねばなりません。厳しい言い方に聞こえるかもしれませんが「なぜ、新しい挑戦に反対する人たちがいるのだろう」などと悩むことはあまり意味がないのです。関心を持ってくれる人がいれば、その人たちと一緒にやっていきましょう。

「実験」「期間限定」で人の心を動かす

「新たな挑戦」をしようと思ったら、とにかくスタートを切ることを最優先して突き進みましょう。

もちろん、途中で失敗したり、結果的に習慣化するまでには至らないかもしれません。しかし、「実際に始めること」が何より大事なのです。

日本人は何事にも慎重なので「石橋を叩いて渡る」という方が多いと思います。ですから、「見切り発車」というとネガティブなイメージを持たれてしまうかもしれませんが、時にはそれも必要です。

尻込みして何も始めないことほど残念なことはありません。走りながら、改善、改良していけばよいのです。

「新たな挑戦」を始めると必ず現れる〝反対派〟にも響く有効なフレーズを覚えておきましょう。

それは**「お試しでスタートする」「期間限定で行う」などの言葉**です。

具体的に期日を決めて、公表してもよいでしょう。

「とりあえずやってみて見えてくることもあるはずです。始めることに意義があるので、まずは三カ月（半年、一年）続けます。まだ完成形ではありません。走りながらブラッシュアップをしていくので、皆さん、アドバイスをお寄せください。もしやってみてダメなら、やめます」

このようなアナウンスをされて、それでも「強固に反対する」という人はなかなかいないはずです。

どのような状況であれ、理想を高く掲げすぎず、肩肘《かたひじ》を張らずに実行することが大事です。その試みが正しいものであるならば、次第に評価されて〝賛成派〟は増えていくことでしょう。〝反対派〟から〝賛成派〟に転じる人だって出てくるかもしれません。

相手の反応に一喜一憂せず、新しい試みの質をブラッシュアップしていくことに心血を注いでいくのが正解だと思います。

プログラムの組み方で重要度もアップする

「新たな挑戦」をするとき、その内容に「誰が見ても大事」というコンテンツを入れ込んでおくことも重要です。

説得力のあるコンテンツがあることで「やはりこの新たな挑戦は必要なのだ」ということを〝賛成派〟はもちろん〝反対派〟にまで訴求することができます。

たとえば朝礼の内容について考えてみましょう。

前にも述べましたが、ピューロランドの朝礼の内容は、基本的に次の四本柱から構成されています。

①館内の情報共有
②接客のスキルアップ

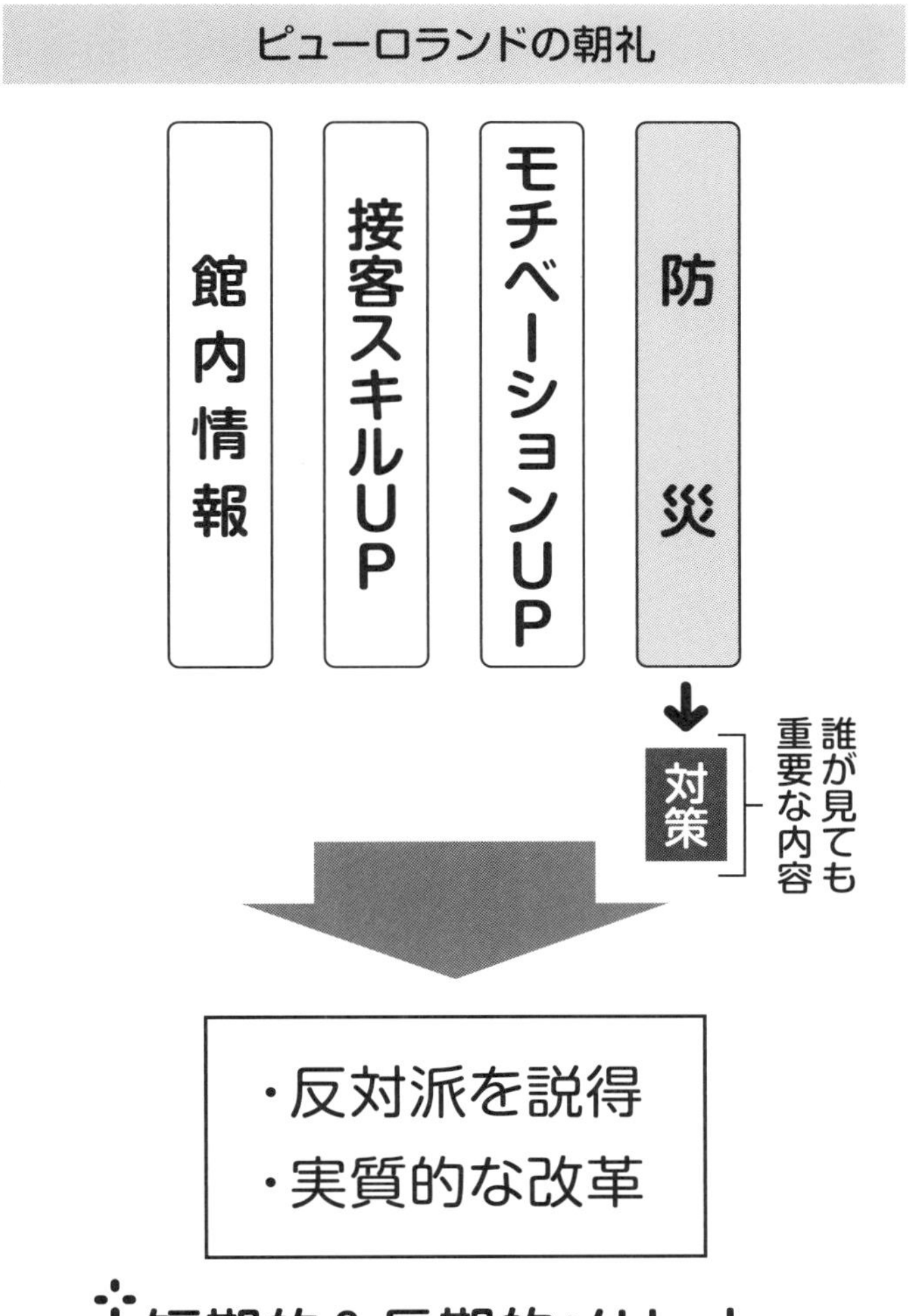
ピューロランドの朝礼
館内情報
接客スキルUP
モチベーションUP
防災
対策
誰が見ても重要な内容
・反対派を説得
・実質的な改革

短期的&長期的メリット

③モチベーションアップ
④防災

どの要素も大事ですが、とりわけ④の「防災」は、どのような現場においても最優先でスタッフ間に共有されるべき情報です。特に日本のような自然災害の多い国において「防災」についての情報伝達・共有を「後回しでよい」と考える人はいないでしょう。ですから、「防災」の情報を朝礼のコンテンツに盛り込むのです。すると「この朝礼は、やはり大事かもしれない」と、受け入れてもらいやすくなります。


防災については、平素から会社が対策を立てるべきことが膨大にあります。

「突然地震が発生したら、どのようなアナウンスをして、どのような動線で誘導をするか」

「近隣の交通機関とどのように連携をとるか」

「海外のお客様にどのような対応をとるか」

「スタッフの帰宅についてはどうするか（いかに帰宅困難者を出さないか）」

もしかすると、これらについて何の対策も立てていないという会社もあるのではないでしょうか。

　そうであれば、朝礼を新たに始めるにあたってコンテンツとして防災対策をぜひ盛り込みましょう。朝礼の意義を理解してもらえるだけでなく、防災対策まで一気に進むことでしょう。

　このように朝礼には、誰が見ても重要な内容を入れ込むことが大事です。「反対派を説得する」という短期的なメリットのみならず、現場に実質的な改革をもたらすという長期的なメリットまで期待できます。

第6章

聴き合う会社を目指す

優しい話し方、温かな聴き方ができる会社

ITなどのハイテク全盛の時代ですが、コミュニケーションの基本である対話において「話し方」や「聴き方」は非常に大事です。

この第6章では、「聴き合う会社」になることの重要性と、その方策について述べておきます。

いったいなぜ「聴き合う」姿勢が必要なのかというと、「時代の波に乗り遅れてしまうから」です。

組織とは不思議なものです。「そこに所属している」というだけで、改革の努力をしなくともよくも悪くも「自分は大丈夫」「なんとかやっていける」という思い込みを招く力を持っています。

しかし、スタッフの全員がそんな錯覚を抱いていたらどうでしょう。

時代の新しい波についていっていないのに「このままでも大丈夫」と思い込み、思考が硬直化し、内部で馴《な》れ合《あ》い、変化に対しての恐れをもち、内部から腐っていくことになり

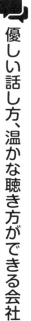

ます。

つまり、組織にいると指示されたり促されたりしない限り、「変われない」「進化しない」体質に陥りやすい、ということになります。

もちろん、そのような組織は衰退します。「変われないものや進化しないものから滅んでいく」という事実は、ダーウィンの進化論が説くところと一致しています。

そこで、衰退しないために、よい方向に進化し続けるために、組織内で「聴き合う」というカルチャーが必要になってくるというわけです。

社員同士で聴き合う。お客様とも聴き合う。取引先の業者や外部業者とも聴き合う。また、自分自身の内面の声を聴くことも必要です。

聴き合うことで、「今持っている知識」はどの程度のレベルであるかを確認し、「新しい知識」を得るために力を合わせていくことができます。

わかりやすい例を挙げてみましょう。

たとえばピューロランドの場合、近い将来、電子マネー化に対応するため「金融」関連の情報を得ることが必要になってくるでしょう。

また、デジタル化を究極まで突き詰めてシステムを開発すれば、「どんなに混んでいても並ばなくても入館できる仕組み」「列に並ぶこと自体がエンターテイメント化する仕組み」も可能になると思います。

このような壮大な理想を実現するには、経営陣もスタッフも、また外部業者にも一体となってもらい、聴き合う姿勢が必要になります。

ではどうすれば「聴き合う会社」になれるのかというと、まずはコミュニケーションをとりやすい体制を構築することです。

形にこだわる必要はありません。

ピューロランドの場合は、たまたまそれが「朝礼」だったというわけです。他の有効な手段がもし見つかれば、それでも全く差し支えないでしょう。

ただ、「朝礼」が非常に便利な手段であることは確かです。

たとえば「飲み会」などと比べてみるとよくわかります。「飲み会」という形式にしてスタッフの参加を呼びかけても、必ず「参加しない人」「参加できない人」「参加したくない

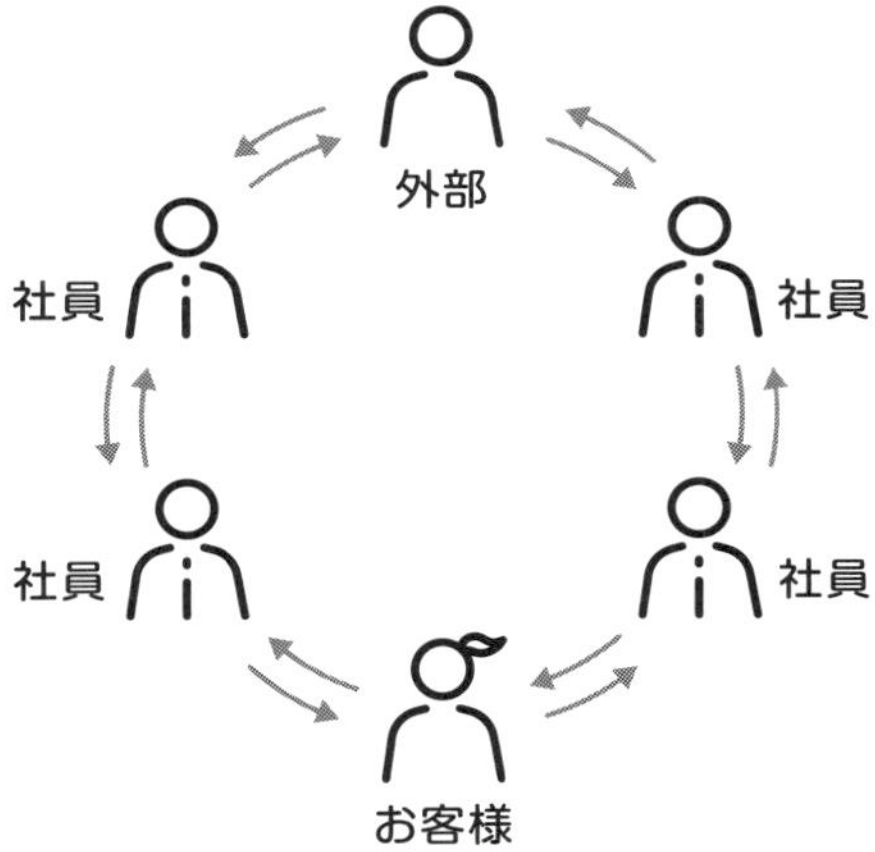

人」が出てしまいます。

その点、朝礼であれば、出勤すれば参加、というシステムがたやすく作れます。

「朝礼を習慣化すること」は、畑を耕すことに似ています。

組織マネジメントの世界では「耕す」という言葉がよく使われますが、実際その通りで、根気よく、地道に愚直に耕し続けることが大事です。数年後に必ず花が咲き、実りがもたらされます。

朝礼が定着して「聴き合う会社」に近づいてくると、日々のコミュニケーションのスタイルも必ず向上します。話し方から改善ができるのです。すると変化が起こります。

「対話をするのに、自分の優位性を示したくて〝否定〟から入っていないか」

「〝おれが教えてやる〟という前提の話法になっていないか」

このようなポイントに、皆がおのずと気付けるようになります。

ほんのわずかなことで、会社は変わることができます。ただそのためには方向性を具体的に指し示すことが求められます。

「仲よくしましょう」という抽象的なスローガンを掲げているだけでは、なかなか人の心は動かせません。

では、どうすればよいのか。ピューロランドでは、ある小学校での実験結果を参考にさせてもらいました。

「優しい話し方、温かな聴き方」という取り組みをして、学校の雰囲気を一変させた静岡県の小学校の事例です。この事例は、私が大学院で学んでいた際に知りました。

その小学校は、一時期不登校やいじめが多かったそうです。そのとき「やさしい話し方、温かな聴き方」を全校のスローガンにしました。

そして、子どもたちに具体的な話し方、聴き方を問いかけるのです。

「やさしい話し方ってどんな話し方？　温かな聴き方ってどんな聴き方だと思う？」と子

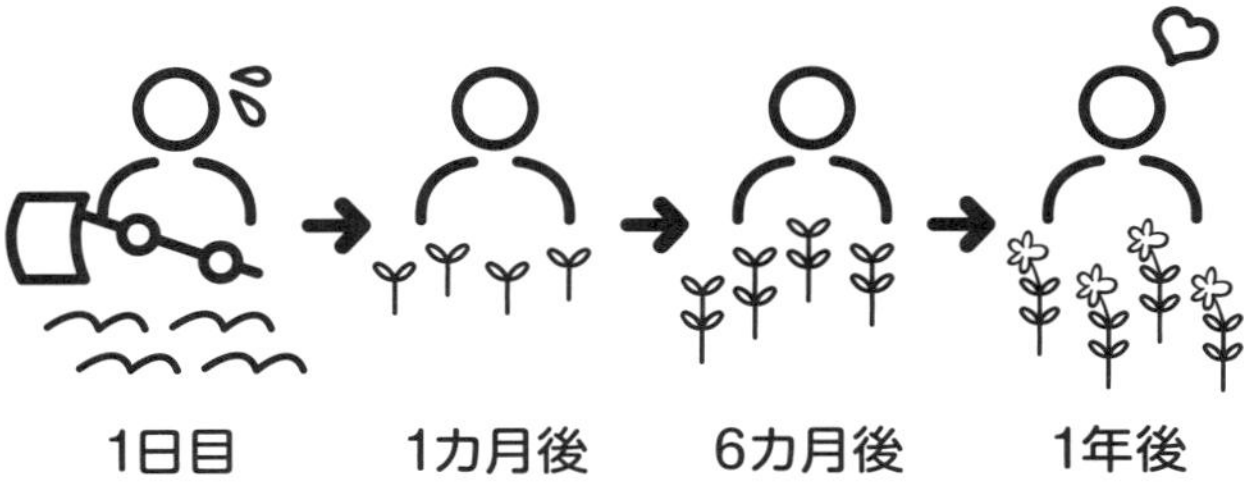

どもたちに考えさせたのです。そうすると、一年生なりに答えが返ってくるのです。

「話してくれたらありがとうって言ってあげる」

「ちゃんと聞く」

「拍手をしてあげる」

「聞いていたよって伝えるために質問をする」

「みんなにわかるように話す」

「わかった？って聞いてあげる」ｅｔｃ……。


そのような活動を一年間続けた結果、いじめはなくなり、不登校もなくなり、学力が向上したという研究があります。

それはどういうことかというと、「何を話しても否定されない場所、安心安全な居場所がそこにできたということ」です。「否定しない」というのはそれほどよいことなのです。

六年生くらいになると、あり得ないようなことを言われたときにも否定をしないレスポンスを返せるようになります。

「なるほど、私にはその考えはなかった」「なるほど、ありがとう」「そういう考え方もあるのか」ｅｔｃ……。

そうすると、先生が上から教えるのではなく、生徒同士のいい学び合いの場ができるんです。

実際に、馬鹿げたことを言った子がいたとしても、笑われて終わりじゃなくて、「言ってくれたおかげでこんなことに気がついたよ」という具合です。

ピューロランドもそのような状態を目指したいと思い、否定をしない「聴き合う会社」を目指してきました。

今は難しい時代になりました。「パワハラ」「セクハラ」などの問題もあり、「コミュニケーションをとるのは難しい」と痛感している会社は多いことでしょう。

しかしなるべく多くのスタッフとよいコミュニケーションをとることはとても大切です。「今度こんなイベントやるけど楽しみだね」などと、会社のことを話題にしたり、「そのコスチューム、素敵だね」など、スタッフに積極的に声をかけたりするべきなのです。

「相手を知りたい」という気持ちが出発点

「聴き合う会社」を目指して、組織内のコミュニケーション能力を底上げしたいとき、「相手とわかり合いたい」という姿勢がとても大事です。

会社のような場所での一般的な人間関係においては、相手に対してそれほど好奇心を持つ間柄には、なかなかたどり着かないかもしれません。

また「相手を知りたいという好奇心を持つこと」は詮索するようでよくないという見方もあります。

しかし、マザー・テレサの言葉で、「愛情の反対は無関心です」というものがあります。

「無関心」には害がなく無難にも見えます。けれどもよく考えてみると、相手に対して何も感じない状態、見て見ぬふりをする状態、心が動かない状態というのは、非常に冷たいものとも言えます。

むしろ怒りや憎しみは何かを守るため、あるいは自分を傷つけないための防御反応とも言い換えられます。ところが「無関心」は自分に対しての愛情も薄いゆえに、相手から何も受け取ろうとしないことだと定義できます。

しかし、それはあまりにさびしいことではないでしょうか。せっかくご縁があって、同じ職場で志を同じくして働いているのですから、たとえ自分にとって、好ましい相手であろうと、好ましく思えない相手であろうと、心を傾けたいものです。

では、どうすればよいのでしょうか。**基本的なところから言うと、できるだけ名前を呼ぶことから始めてみましょう。**

名前を呼ぶことで「あなたに関心を持っています」という言外のメッセージを伝えることができます。ピューロランドの場合はネームタグをつけているので、全員の氏名を完璧に覚えることは難しくても、苗字で呼ぶことはできます。

「おはよう」と呼びかけるよりも、たとえば「山田さん、おはよう」と名前をきちんと呼ばれるほうが、相手も嬉しいものです。

もちろん、社員に対しても同様です。

次の段階は、より多く声をかけることです。

「毎週飲み会を開催して、何時間も話す」というような濃密な関わりを求める必要はありません。

「今日は寒かったね」「休憩とれた？」というような、簡単なコミュニケーションで十分です。

大事なことは、年齢やキャリア、先輩や後輩などを抜きにして、相手をまず肯定し、尊重するという姿勢です。

大げさに聞こえるかもしれませんが、自分に関係のない人なんて一人もいません。そもそも、どんな「人」も素晴らしい存在です。

ましてや同じ会社にいる仲間となれば「人生を共有している」と言ってもよいでしょう。うまくいったときの喜びも、痛みも、互いにシェアする存在です。

もちろん質問が出てこないときもあります。ピューロランドには、約二五〇人の社員と約八〇〇人のアルバイトスタッフがいます。ピューロランドに関わっている全員から、話を聞きたいと願っています。

そういうときは「最近どう?」と聞きます。「どう?」と聞いて何が出てくるかは面白いものです。

「ちょっと今朝こんなことがあって」と言う人もいるし、「仕事がすごく楽しいです」と言ってくれたり。「一人暮らしを始めたんですけれど」と近況を教えてくれる人もいます。これらの会話は、距離感をとても縮めてくれます。

会話が弾むと、より踏み込んだことを話せるようにもなります。

アルバイトの人に「正社員を目指したいの?」と尋ねると「ずっとアルバイトがいいです」と率直に答えてくれることもあります。そのようなコミュニケーションを積み重ねて

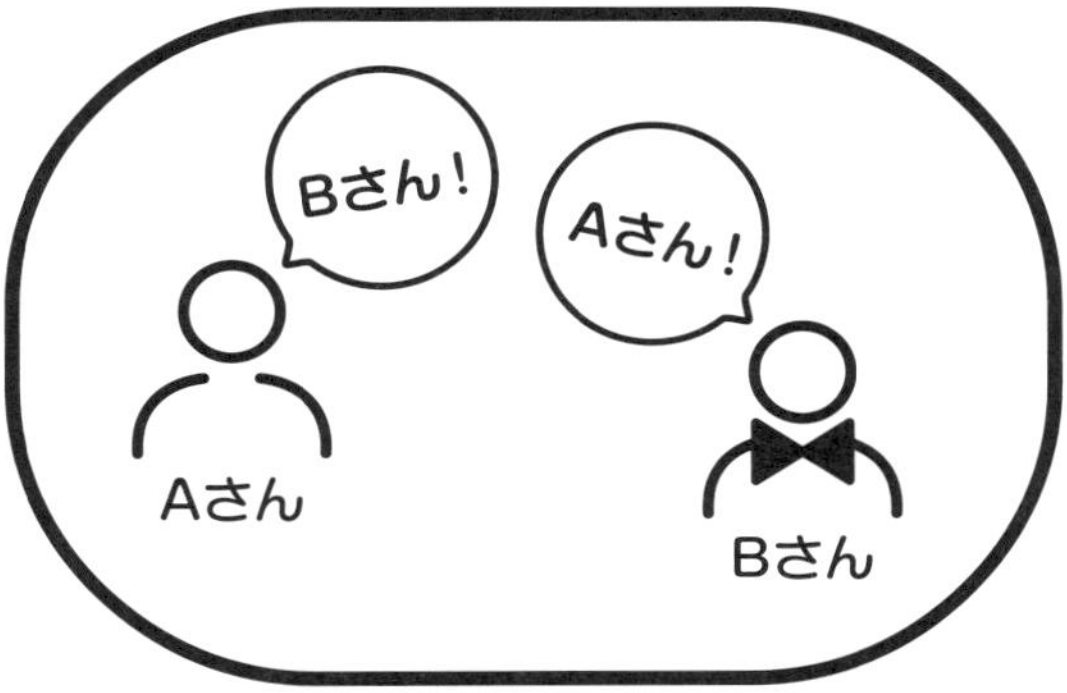

居場所感

きて、実感としてわかるのは「関心を持ってもらえて嬉しくない人はいない」という事実です。

「放っておいていてほしい」という人もいるかもしれません。

でも、人は基本的に、「自分のことを聞いてほしい生きもの」です。そっとしておくかどうかも、少しの声がけをしてみたときの反応からわかることです。

「あの人は仕事がうまくいっているから大丈夫」ということもありません。順調にいっているスタッフほど無理していたりするものです。

ですから、問題のないスタッフや優秀と思われているスタッフにこそ「大丈夫？　無理してない？」」と聞いてあげて下さい。優秀な人に、過度な仕事が押し寄せていくということもよくあります。

何より、人として話しかけられる、気にしてもらえる、ということは、嬉しいことのはずです。

人は話しかけられることで職場に「居場所感」を感じ、より心を安定させることができるのです。

コミュニケーションの達人は聞き上手から

組織を好転させるコミュニケーションは、「相手に興味を持つこと」から始まります。具体的にいうと、心を込めて耳を傾ける「聞き上手になる」ということです。

誰にとっても「自分のことを聞いてもらうこと」は嬉しいものですし、それによって、信頼関係が生まれます。ですから、コミュニケーションの達人になるためには「聞き上手になる」ことが重要なのです。

話しやすい座り方

「聞き上手になる」秘訣は、まず否定しないことです。どんなことでも、一度は「そうなんだ」と受け止めていることです。どうしても、反対意見を言わざるを得ない場合でも、「そうなんだ。けれども……」というように、一度受け止めてから、相手が受け取りやすいように反対の意見を投げ返します。突然「それは違うよ！」と言われるのと、「そうなんだ」とワンクッションが入るのとでは、話し手は全然違う気持ちになるものです。

また、話を聞いている間は、言葉だけでなく声のトーンや視線、顔の表情、姿勢など、その人全体から発している空気を感じるつもりで、聞いてみてください。あまり難しく考えずに、「こんな感じに見えるわ」というくらいの感覚でキャッチしてみるといいでしょう。長時間集中して話を聞くという機会は、普段はなかなかないかもしれません。でも短い時間でも、このような話の聞き方ができれば、あなたは聞き方の達人になれます。

さらに、聞き上手になるためには、謙虚な姿勢が必要になってきます。

「話を聞いてあげる」という姿勢ではなく、むしろ「話を聞かせていただく」という気持ちです。相手の話を聞きながら、必ずそこから何かを学んでいて、こちらこそ勉強させていただいています……という姿勢を相手に示しているのです。「聞かせていただく」という態度は、向上心から来る謙虚さとも言えます。

相手の会話を否定することなく、包み込むような気持ちで「聞き上手」を目指しましょう。そうすれば「思わず話をしたくなる人」になれるはずです。

とはいえ、人は自分の思いを、完全に言語化できるものではありません。遠慮やプライドが邪魔をして、時には本心とはかけ離れた発言をしてしまうことだってあります。ビジネスパーソンであれば、思い通りのことを一〇〇パーセント言葉にして伝えるということは難しいこともあります。

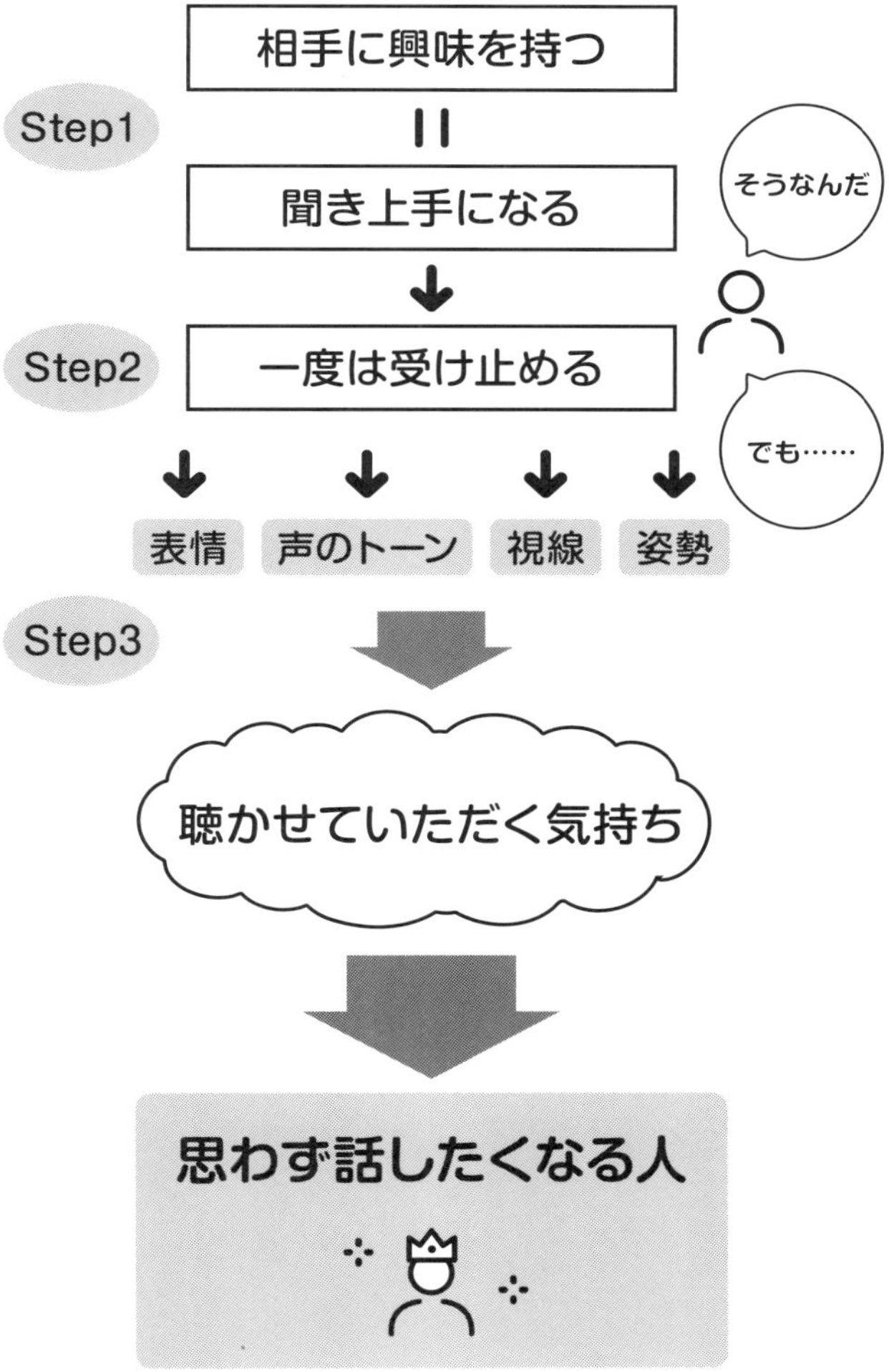
相手に興味を持つ
Step1
＝
聞き上手になる
そうなんだ
Step2
一度は受け止める
でも……
表情
声のトーン
視線
姿勢
Step3
聴かせていただく気持ち
思わず話したくなる人

そこで、聞き手もそのことを踏まえて、相手の言葉の奥にある思いに好奇心を向けてみることです。すると表面的ではない「深い聞き方」ができるようになることでしょう。

もちろん話し手も、深い聞き方をしてもらうと、気持ちよく感じます。その結果、信頼関係が深まるのと同時に、気が付いていなかった気持ちや新たなアイディアまで出てきたりします。

また、**相手の話のペースに合わせる**ことも効果的です。

ポイントは「相手と自分の座り位置」です。二人きりで話をする場合、向かい合って座って話をすることが多いと思いますが、「対面の位置に座ると、緊張感が生まれる」という事実が明らかになっています。

向かい合って座るよりも、九〇度くらいの角度でお互いの横顔が見えるぐらいの位置関係に座ったほうが、話をしやすくなります。

話を聞くときに意識したい三つのポイント

「会話はキャッチボール」とは、よく言われる教訓ですが、実際その通りです。

よりよいコミュニケーションを目指す場合、「話すこと」よりも、むしろ「相手の話を受け止めること」を主眼に置くべきです。

「話を受け止める」ということは、「しっかり受けますよ」という姿勢を見せて、ミットを正面に構えてしっかり受け止めることです。結果より何より、まず「受け止めようとする姿勢」が大切です。

少し外れたボールが来ても、きちんと追いかけたり、「話が脱線している」「理解できない」と感じても、ボールをできるだけ受け取ろうとする気持ちでいましょう。

そんな積極的な姿勢を忘れずにいれば、相手はどんどんボールを投げてくれます。

つまり「つい話したくなる雰囲気」をこちらから設定することが、会話の極意なのです。

万一、会話のボールを取り損ねても大丈夫です。

「もう一回詳しく話して」「今の話は少しわかりにくい」など素直に相手に求めることで、

逆説的に聞こえるかもしれませんが、信頼関係は深まっていきます。

「つい話したくなる雰囲気」を作るコツは、次の三つのリアクションに集約されます。

①あいづち（リアクションのこと。「へぇ〜」「なるほど」「うんうん」等）

②うなずき（首を縦にふること）

③繰り返し（相手の言ったことを少し繰り返すこと）

これらのリアクションを織り交ぜながら、相手の話を聴いてみてください。

きっと、相手は心を開き、安心してより多くの事柄を熱心に話してくれることでしょう。

「聞く側の態度によって、話す内容が異なるものなのか」

そんな質問もよくいただきます。実際に、次の実験を行ってみてください。

気の置けない相手を選び、その人に同じ話を三回してもらいます。

話し手の会話時間は二分くらいが目安で、「最近あった楽しかったこと」など軽い話題がよいと思います。そのときに自分で意識して三回とも違う聞き方を試してください。

一回目は、目を合わせないで、あいづちを打つこともなく、何か他のことを考えながら聞く。

二回目は相手と目は合わせるけれど、あいづちは打たないで聞く。

三回目は、自分の好きなようにあいづちを打ったり、うなずいたり、相手の言葉を繰り返したりして話を聞いてください。

さて、どうでしょう。

実際にやってみると、まず、話を聞くこちら側が「きちんと相手の話を聞く姿勢で聞くほうが気持ちいい」と実感できるはずです。

実験をお願いした、話をしてくれた相手にも、感想を聞いてみましょう。一回目の「目を合わせないで、あいづちを打つこともなく、何か他のことを考えながら聞く方法」のときは、不安になったのではないでしょうか。「本当に聴いてくれているか？」「不快な気分にさせてしまったか？」と心配になるはずです。

つまり、相手に「話を聞いていますよ」というサインをあいづちやうなずきなどで示しながら話を聞くことは、コミュニケーション上手になる秘訣なのです。

〝リアクション上手〟になって、互いに気持ちのよいコミュニケーションを積み重ねていきましょう。

相手の長所を見つけ、そして見つめる

よりよいコミュニケーションのために、知っておいてほしい事実があります。

それは「人には誰でも〝認めてもらいたい〟という欲求がある」という原則です。

だから、相手の長所を見つけ、褒めることが重要なのです。

「子育てとは褒めて育てること」などとよく言われますが、それは大人同士でも同じこと。自分のことを認めてもらったり、褒めてもらったりすると、誰でも率直に嬉しくなるものです。

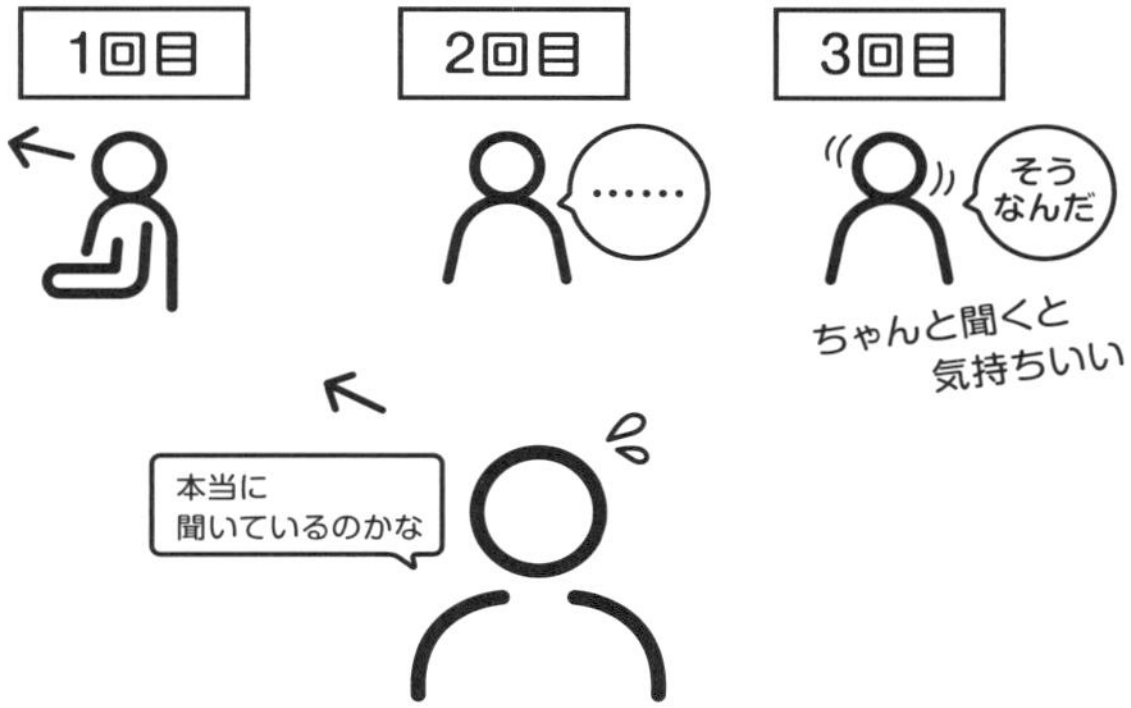

また、褒めてもらうと、その褒められた点にもっとエネルギーを注ぐことになり、「さらに長所に磨きをかけて、褒めてくれた相手も一層好感を持つ」というプラスの循環が生まれます。つまり「褒める・褒められる」という関係は、お互いに気分がよいだけではなく、相手の成長を促す効果もあります。

実際、ピューロランドでは土曜日と日曜日に、「スタッフを褒める目的」で、担当社員が全館内を巡回しています。スタッフを見て、そのよいところに気付いたら「褒める」のです。

接客中の場合は、その部署の社員に伝言として伝え、間接的に褒めます。

褒められる側としては、直接的であれ間接的であれ、嬉しいものです。

また、半年に一度、全体の会議があるのですが、その場でもスタッフを表彰する試みをしています。このようにピューロランドでは「褒める」ことを文化として大切にしています。

相手を褒める際は、自分の視点から「私はあなたのここが素晴らしいと思う」というメッセージを送ることがよいでしょう。

他の人がどう思うかはさておき、「自分から見てよいと思うところ」を、そのまま伝えればいいのです。

もちろん「私には、あなたのこういうところが素晴らしいと思えます」と伝えたとき、言われた側にとってはそれを「意外」と受け止めることも起こり得ます。しかし、褒められて気分を害する人はいません。

「そんなふうに見てくれている人もいるのだ」と、好意的に受け入れてくれるでしょう。

ただし、「あなたはこういう人ですね」と断定するような言い回しは、反発を招く場合もあるので避けたほうが無難です。

では、どのようなところが長所だと言えるのでしょう。まず考えられるのは「見てわかること」です。職場ですから、笑顔、姿勢、声などという〝褒め視点〟が考えられます。

もし、どこを褒めたらいいかわからない、むしろ、マイナス面ばかり目に付いてしまうときは、「私を成長させてくれる人」という見方をしてみてください。昔から「手のかかる子ほどかわいい」とよく言われます。

その人が自分の目の前に登場してくれたことによって、何らかの気付きや学びをくれると思えば「ありがたい」という気持ちも湧いてくることでしょう。自分の心の持ちよう一つで、反面教師の役割をしてくれたと思えば、感謝の気持ちが生まれてきます。

「嫌な人だ」と思うより、「出会えてよかった」と思えたら、自分が楽になれます。「あなたがいてくれてよかった」とお伝えしてみてはどうでしょうか。

このように「相手の長所を見つけ、褒めること」にはメリットが多くあります。**相手との関係性をより緊密にしてくれるだけではなく、自分の心を広げることにもなります。**

「個性」があるから人には魅力があるわけで、一見マイナスに見えることでも、見方を変えればプラスに見えるものです。完璧な人はいません。

それは見方を変えれば「私たちは何歳になっても成長できる」ということでもあります。

つまり、短所や改善点というのは成長できるポイントなのです。

とはいえ、人間には体調や気分にムラがあります。「今日はどう考えても、相手の長所を見つけられるような状態ではない」というときもあることでしょう。理由を冷静に探ると、実は「自分の心が満たされていない」と気付くことがあります。

そのようなときは、まず自分自身に優しくしてあげましょう。ゆっくり休む、「好きなこと」「したいこと」に思う存分集中する、などです。

自分自身を満たし、余裕を取り戻すと、相手の長所をじっくりと見つめられるようになっていきます。

ネガティブな言葉で会話を終わらせない

ビジネスの現場では、苦言を呈するなど、時にネガティブな事柄を伝えなければいけないこともあります。

たとえば、相手が社内のルールに違反したような場合は、事実を指摘して、行動を改めるよう注意をしなければなりません。

そのようなときに重要なのは、ネガティブなフレーズや言葉で会話を締めくくらないことです。

注意を受けた側の頭と心は、ネガティブな事柄でいっぱいになってしまいます。当然、その時はあなたの印象もネガティブなものに変化してしまうことでしょう。

そのような状態では「次から頑張ろう」「出直そう」という気力が湧いてくるわけがありません。

社内のルールに背いた相手を叱るとき、注意をしたあとは、ポジティブなメッセージを付け加えて、コミュニケーションを終えるべきです。

「今回はルールを破ってしまったけれども、そのおかげでわかったこともあった」

「ルールに違反する結果を招いたけれども、副産物として多くの気付きを得ることができた。成長の糧にしよう」

このように、がらりと見方を変えて声をかけると、相手も注意をする側も、救われます。どのような失敗にも、「学び」「気付き」はあります。

また、個人の失敗がきっかけで、社内で改善や改革が進むことだってあるものです。だから悪い点だけにフォーカスしすぎず、ポジティブな見方を提示して会話を締めましょう。

そうすれば、スタッフの心に、過度のダメージを与えることはありません。

注意のあとは、愛情あふれる言葉で締めくくる。そして、失敗をきっかけに、さらなる飛躍ができるよう見守る。それくらいの度量の広さを持つよう心がけたいものです。

責めても変わらないし、責めたら絶対に変わらない

コミュニケーションの過程では、相手が期待通りに動いてくれず、もどかしい思いをすることがあります。冷静に「聴き合う」ことが困難になるケースも考えられます。そんなとき、どのように対応すべきか考えてみましょう。

最も大事なことは、怒りを爆発させないことです。

相手が誰であれ、怒って責めても、うまくいきません。

人は自分が「責められている」「攻撃されている」と感じると、防衛的になり、心まで閉じてしまいます。

もし相手の言葉が、どんなに的を射た助言であっても、「責められている」と察知しただけで、言い訳や弁解に終始し、自分を正当化して保身をしようと思うのが人の本能だからです。

相手を動かそうとする場合、大切な姿勢は具体的に三つあります。「責めない」「方向性を示す」「フォローをする」ということです。

一つ目は「責めない」ことです。

責めても人は変わりません。また、責めたら人は変われません。人が責めてしまうのは、相手に対して抱いていた期待が裏切られたときに言葉で「仕返し」をしたくなるからです。

いったん深呼吸をして、自分の気持ちを冷静に保ち、相手を責める気持ちを手放してから話すようにしましょう。

二つ目は「方向性を示す」ことです。

怒っていると、「〇〇はやめてください」「××しないように」と相手に「ダメ出し」をしてしまいがちです。つまり「禁止をする」という方向の話法になりがちです。

その後、相手の行動は改善されるかのように見えます。ところが、望ましい方向に行動が変わるかというと、実際はそうでもありません。「ミスをしないで」と言うと、余計にミスが増えたりします。

実は皮肉な話ですが、「ミスをしてはいけない」というイメージが頭の中に残り、思考や行動が、ミスをする回路にはまってしまうからです。これは脳の性質上、仕方のない話です。

では、いったいどうすればよいのでしょうか。

理想は「具体的にどうすればいいか」が相手の頭に映像として浮かぶように、明確に方向性を示して叱ることです。

「このリストで必ず確認をする」など、できるだけ明確に客観的な言葉で行動の指針を示すのです。

相手の目線に合わせて、具体的に「何を、どのように、いつまでに」わかりやすく導くことが重要なのです。

三つ目は「フォローをすること」です。

誰でも、叱られると悲しくなったり、落ち込んだり、自分を責めたりするものです。そのような精神状態のところに、今後についての話をしても、上の空になってしまい問題の改善にはつながらないことでしょう。

「あなただからできる」

「難しいかもしれないけれど、期待をしているからお願いをしている」

「いつも頑張ってくれているから、助かっている」

このように、気持ちをフォローすることが必要です。

フォローもせずに、相手の気分を落ち込ませたまま「まだ改善していないのか」などとさらに責めると、最終的には、人間関係の破綻を招いてしまいます。

叱られた人の立場になって、その心を慮《おもんぱか》り、互いにとってよい状況が実現するよう、心をサポートしたいものです。つまり、「責める」のではなく**「一緒に考える」という姿勢でいることです。**

そのような思いやりが皆に少しでもあれば、「聴き合う会社」は必ず実現すると思います。

共感は絆を強くし、互いの精神状態を安定させる

「責めない」ことと同時に、徹底していきたいのが「共感する」という姿勢です。

相手に共感をすることで、人間関係の絆をより強くし、「聴き合う会社」に近づくことができます。では、どのように「共感する」のがよいのか、見ていきましょう。

自分が言いたいことをしっかり相手に伝えたいとき、逆説的に聞こえるかもしれませんが、「相手が伝えたいこと」を先に全て話してもらってから、こちら側の話を切り出す、という手段が有効です。

人は、「自分の話を聞いてくれた」と思うと心が満たされ、相手の話にも耳を傾けやすくなるのです。

これは「共感欲求」という心理のせいです。

人は、会話によってわかり合うことが気持ちいいのです。

気持ちいいと感じることができれば、会話が弾むのはもちろん、お互いの意思を尊重し合い、互いに学び合うというような前向きな変化がもたらされることになります。

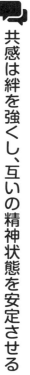

ですから、よりよいコミュニケーションを目指す際には、小さなことでも大きなことでも、思いきり共感することです。

何か達成できたときには、相手以上に喜ぶ。

できなかったときには、相手以上に悔しがる。

たとえば職場で「こんなことがあった」と話をされたとき、「そうなんですね」という常套句《じょうとうく》で受け答えするのは、もったいないことです。

コミュニケーションを深めるためのせっかくのチャンスを逃すことになります。もしそれがよいことならば、一緒に喜んだり、祝ったりしましょう。

残念な報告ならば、一緒に悔しがったり、励ましたりしましょう。

また、親しい間柄であれば、食事に一緒に行って話をするのもよいことでしょう。行動をともにして感情を共有することは、言葉のやりとり以上に絆を深めてくれます。

つまり「共感する」とは、その人の〝応援団〟になるということと同じことなのです。気持ちを共有すると、その人のことが好きになり、長所により気付くことができて、絆を深め、お互いの人生を豊かにすることができます。

相手には心強さを感じてもらえるでしょうし、時には「あなた自身の応援団」を得ることにもつながります。もちろん、それは最初から「自分を応援してほしい」という「下心」ありきで相手を応援するということではありません。相手を応援すると、あなたのネットワークが、結果的に広がっていくということです。

どんなに強く、たくましく、パワフルに見える人も、心のよりどころを求めているものです。ふと弱気になったとき、心の中に思い出す存在にあなたがなれたとしたら、相手はもちろん、あなた自身も幸せだと言えるでしょう。

このように「共感」は絆を強くし、お互いの精神状態をより安定させてくれます。「共感」は「無理な同調」とは異なります。立場の違いにとらわれすぎず、相手を尊重し、対等の立場としてお互いの感情を大切にする感覚を持つことが、「聴き合う会社」を作ります。「共感する機会がなかなかない」という声もよくいただきます。そのような場合におすすめしたいのが「同じ体験を共有する」という朝礼のプログラムです。

「同じ釜の飯を食う」という言葉がありますが、まさにその通りで、共通の体験があるということは人の絆を強くします。

たとえ朝礼のような約一〇分間の短い時間であっても、その習慣を繰り返せば、絆を強くし、組織全体が強くなります。

朝礼の成果として考えられる事例を一つ挙げておきましょう。

あるとき、想定をはるかに上回るお客様をお迎えした日のことです。現場に出て、各エリアを巡回し、スタッフに「大丈夫？」と声をかけていたとき、あるスタッフが笑顔で「私だけじゃないので」と返してくれたのです。

一日の終わり、疲労のピークを迎える時間帯でも、このようなポジティブな言葉を返してくれるスタッフがいるという事実に、私は感激しました。

このように「私だけじゃない」というマインドになれるのは、普段からスタッフ同士で共感を積み重ねてきた結果でしょう。**「共感」は、自然と「連帯感」を育んでくれるのです。**

聴くときには心をオープンにする

聴き合う会社を目指すなら、先入観を持たないでいることも重要です。

言い換えると、偏見や思い込みを持たないということです。自分の中で決めつけや判断をしないで、相手のことを批判することなく受け止めましょう。

それに加えて、評価しない、分析しない、ということも大切です。イメージとしては「真っ白なキャンバスのまま相手に向き合い、ただ話を聞いて受け止める」というものです。簡単ではありませんが、その意識を習慣化することで少しずつ身についていきます。

「相手を受け止めるだけでは、何も改善しないのではないか」と思われるかもしれませんが、そんなことはありません。人はある日突然変わることもあるのです。

たとえば、「仕事を降ります」というような決意を告げた人と話をしたとします。すぐに、「そんなこと言わないで」と否定することもせず、「そう言いたいくらいの気持ちでいるのね」とまずは受け止めます。そして翌日、「この人はすぐにさじを投げる人」という先入観を持って話すのではなく、一日で何か変わったかな、どんなことを話そうとしているのかな、という興味を持って受け止める姿勢で話をした結果、「昨日はすみませんでした」と前言を撤回してくれることだって起こり得るのです。

昨日までのことを引きずりながら、心に鎧を付けたまま相手に接していると、よりよい

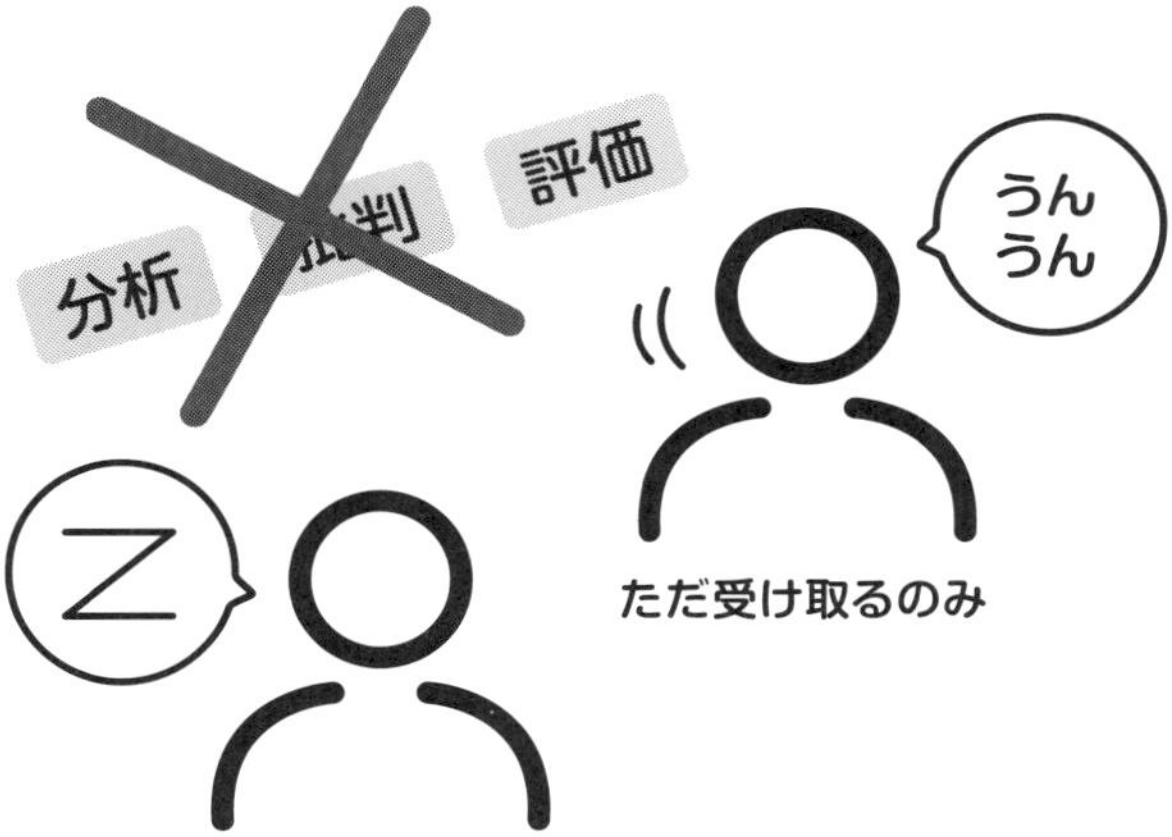

展開は望めません。

「私が想像していた○○さん」という思い込みや、「噂で聞いていた○○さん」という外部の〝風評〟を気にせず、相手と会ったら心を開いて接しましょう。

ましてリアルなコミュニケーションをとる前に「○○さんはこういう人だから」と勝手に評価を下したり、「なぜ○○さんはあのような行動ばかりとるのか」などと分析を始めたりしないことです。

そのような〝独り相撲〟は時間の無駄遣いでしかありません。

もちろんビジネスの現場では、人事評価とは無縁ではいられません。スタッフのことをシビアに「評価」することも必要です。ですが、相手のことを冷静に「評価」するのは、そのときだけにしましょう。日頃のコミュニケーションは、評価ではなく確認だと思っていただければ双方ともに緊張感なく接することができるのではないでしょうか。

普段のコミュニケーションでは、モードを切り替え、フレッシュな気分で接して相手を受け止めるよう心がけましょう。

もしかすると、「コミュニケーションをとりたいけれど、オープンマインドになかなかなれない」というときもあるかもしれません。そのような場合は、自分自身の心がフラットであるかどうか、チェックしてみましょう。

「今日はいつもよりイライラしている」
「今の△△さんの言葉に、私はカチンときている」
「午後に褒められてから、嬉しい気持ちが持続している」ｅｔｃ……。

このように、その時々の気持ちを客観的な視点で観察するのです。これを私は「感情のモニタリング」と呼び、他のスタッフにもすすめています。

このように自分の感情に気がつくことで心をフラットにリセットできます。そうすると、物事を冷静に正しく認識・判断・分析することができるようになるのです。

ですから、心がフラットであること、またその状態を常に心がけることは、ビジネスパーソンとしてのたしなみとも言えるでしょう。

もちろん、悲しいことがあれば、泣いてよいのです。ただ、立場とＴＰＯをわきまえ、「感情のダダ漏れ」は避けるべきでしょう。

感情に流されすぎず、心をフラットにした状態が、ようやくコミュニケーションのスタート地点です。自分自身の心のコンディションを整えてから、偏見や思い込みのない状態で、心を開いて相手の話を聞くようにしましょう。

さらに踏み込んで言うと「常にご機嫌でいること」ができれば理想的です。

特に、役職が上になるほど「話しかけやすいオーラ」を放ち、職場全体を明るく照らすような資質が求められます。「職場全体を明るくすること」は難しくても、せめて「不機嫌でいないこと」「怖そうなオーラを発散しないこと」は、リーダーに必須の条件です。不機嫌で座っている上司……周りがどれほど気を遣い、仕事の生産性を低くすることでしょう。

相手の元気やモチベーションを引き出す会話のコツ

ここまで、「聴き合う会社」を作るための理想的なコミュニケーションについて見てきました。

最後に、相手からより一層やる気とパワーを引き出すことができる会話のコツをまとめておきましょう。

私は常に「スタッフのやる気や能力、満足度を上げたい」と考えています。

どのような人に接するときも、次のコツさえ押さえておけば、その人の潜在的な力を引き出すことができるようになります。

①「否定」しない。

②「それってどんなこと？」と尋ね、相手の言いたいことをより多く話してもらう。

③アイディア等が出ているときに、「他には？」と尋ね、より一層幅を広げる。

④「たとえば？」等、相手がイメージを膨らませることができるような質問を投げかける。
⑤突拍子もない視点から、質問や提案をする。（「もし、世界中の言語が自由に話せたら？」のように）

②～⑤のような質問がラリーのようになって、会話のボールが気持ちよく、あちこちから飛び交うようになると、会話全体が豊かになっていきます。そして、斬新なアイディアや、次へとつながる計画が生まれてきます。

〝単なる世間話〟〝社交辞令〟といったレベルを超えて、建設的でクリエイティブな会話となります。人間関係の絆もより太く、強固になっていきます。

このような会話が組織のあちこちで展開されるようになったら、「聴き合う会社」になっていると言ってもよいでしょう。

質問には力があります。

会話をよりクリエイティブな方向に発展させていくのは、質問力にかかっていると言っても過言ではありません。スタッフに気付きを与え、その力を引き出していくのは、質問にかかっているのです。

たとえば、突拍子もない質問を、スタッフに投げかけたとしましょう。

「あなたの好きな言葉は何ですか？」

質問をされた側は「なぜ、そんなことを聞くのだろう？」と疑問を感じながらも、答えを見つけようと頭と心をフル回転させるはずです。それがまさに、質問の力なのです。「質問」は聞く人が相手から情報を収集するためだけのものではありません。「質問」は、相手に必ず何らかの変化をもたらします。

相手に話してもらうきっかけであり、そこから相手の世界が広がるドアを開けるための鍵のようなものなのです。

そして、優れた質問の多くは、未来志向だということも知っておいてください。具体的には、次のような質問が挙げられます。

「この職場に何があれば、もっとよくなると思いますか？」

「今度のイベントで何をすれば、参加者に喜んでもらえるでしょうか？」

「もし一カ月の休暇がとれたら、どこに行きたい？」

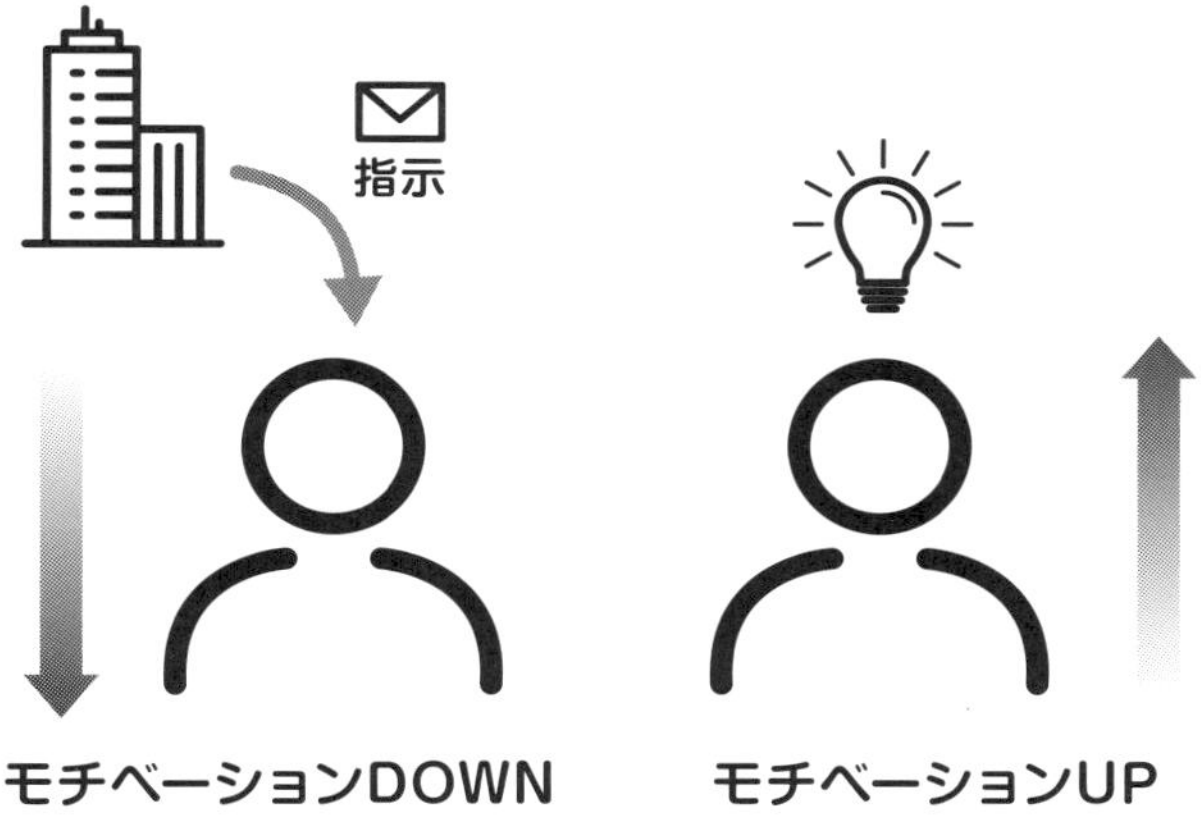

質問が思い浮かばない場合は、次のような質問でもよいです。

「一番食べたいものは何？　といっても、今日ご馳走できるわけではないけれど……」

このように「少し未来」の質問を投げかけることで、相手の気持ちを上向かせることができます。

なぜなら、質問された側はビジョン（なりたい自分像、目標や夢ややるべきこと）が見えてくるようになり、元気やモチベーションまでアップするからです。

「質問一つで相手を元気にすること」を積み重ねていけば、組織全体のコミュニケーションの絆も強まり、自ずと活性化していきます。

全社員が話し合う「対話フェス」で風を通す

ビジネスの世界では、「強いリーダーが大きな組織を動かす」というイメージがあると思います。

しかし、現代は「トップダウンの時代」ではなくなってきたのではないかと私は思っています。

ピューロランドの館長に就任してから、**「みんなで歩む時代」、つまり「全員参加の組織経営の時代」になったと、身をもって実感しています。**

「みんなで歩む時代」とは、つまり「対話の時代」ということです。

ですから、ピューロランドでは朝礼に加え「対話フェス」という年に一度のイベントも大事に続けてきました。

対話フェスとは、毎年期末の二月か三月に、全社員で行うイベントです。

私が就任して一年目に開催した初回の対話フェスでは、次の五問をスタッフに尋ねました。

・どうしてピューロランドで働こうと思ったんですか？
・ピューロランドで仕事をしていて、「一番楽しかったこと」は何ですか？
・ピューロランドで仕事をしていて「一番大変だったこと」「聞いてよって言いたいこと」は何ですか？
・外部の方に「ピューロランドのここを見て」と言いたいのはどこですか？
・ピューロランドにあったらいいな、と思うものは何ですか？

二回目の対話フェスでは、質問を未来志向に振り切り、「これからのピューロランドをどうしたいですか？」と問いました。
三回目の対話フェス以降は、総務や人事グループに企画段階から入ってもらい、できるだけ「ボトムアップ感」のある自発的な運営を目指してきました。

この対話フェスで吸い上げたスタッフの気持ちや夢は、できるだけ実現するように全社で尽力をしています。たとえば、あるスタッフの声を反映し、従業員食堂のメニューの改善に着手し、以前より「おいしい」と喜んでもらえるようになりました。

このような忌憚《きたん》のない意見を吸い上げる仕組みは、本来半年に一度開催できれば理想的なのですが、普段から朝礼を行っているので「一年に一度」としています。

このような対話の場を設けることは、経営者の大事な仕事なのです。

トップダウンで「指示されたこと」を、担当部署のスタッフがこなしていくスタイルと、自分が「やりたい」「こうなってほしい」と思ったことを、エリア横断で協力し合って実現していくスタイルでは、モチベーションに雲泥の差が生まれます。

特に若い世代にとって「私の希望が届いて、会社が変わろうとしてくれる」、そう実感できるのは、何にも代えがたい貴重な経験でしょう。

このように「対話フェス」は朝礼の進化形、あるいは発展形の一つとして、おすすめできるシステムです。

もちろん、日々の「朝礼」がベースにあり、その上に「対話フェス」がプラスされることが大前提です。

私たちピューロランドには現在約二〇〇名の社員がいます。

そのぐらいの規模なら、できれば「全員が全員と話をしたことが一度はある」という状

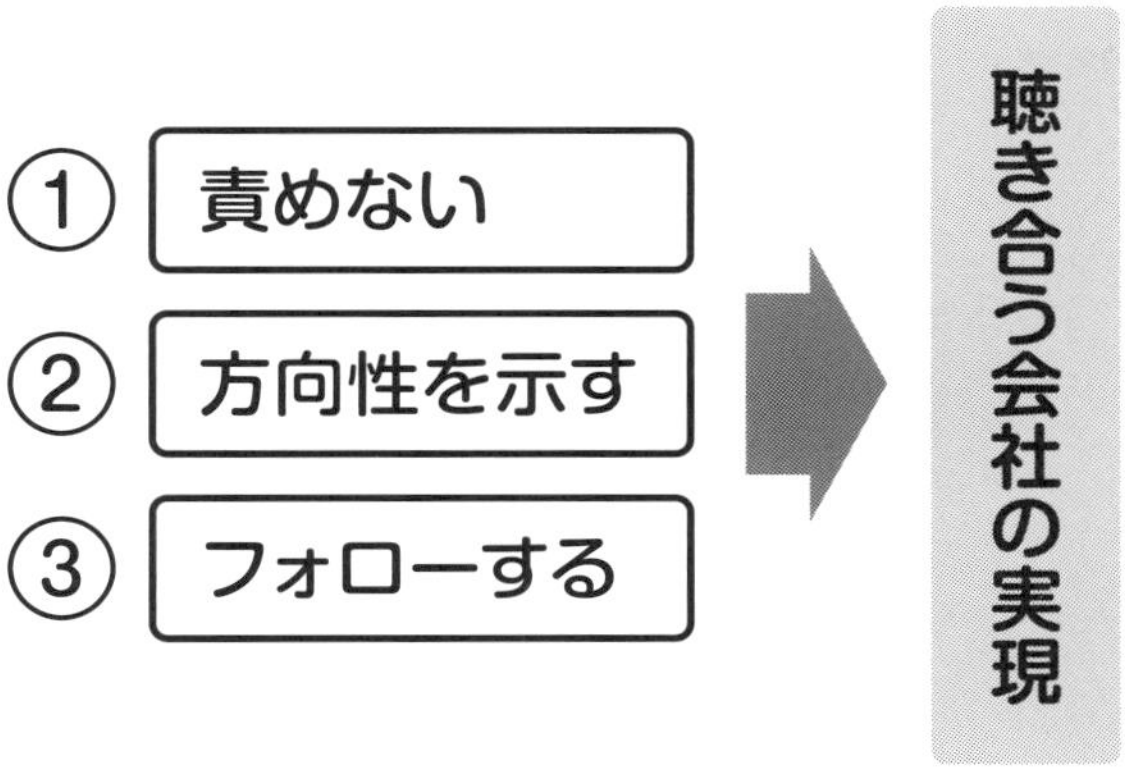

態が理想だと捉えています。

しかしそれも現実的ではないので、「対話フェス」のような場を設けて、対話を促進しているのです。

またこのようなイベントを開催していても、どうしても「話したことがない人」というのは出てきます。

けれども、対話フェスのように「〝初めまして〟の人と話ができる場」があると、全スタッフの会話力や対話力がアップし、風通しもよくなります。

それは記録写真を見ればよくわかります。

フェス中は、みんなとても素敵な笑顔で写っているのです。それは仕事の現場で見る顔とは、また違った笑顔です。

「スタッフが変わった」という具体例を挙げてみましょう。

中堅社員のNさんのケースです。Nさんは今まで、何を聞いてもネガティブな答えしか返ってこない人でした。よくいえば冷静に現状を分析し、何かを持ちかけても「難しいと思いますすよ」「え?! そんなことをするんですか」という反応が返ってくる人でした。けれどもどうでしょう、日々の朝礼と数回の対話フェスを経て、「わかりました」「すぐ検討します」「次は見本を持ってきます」という具合に話す内容が超ポジティブに変わっていったのです。

もしかすると、Nさんの変貌の背景には、「業績の好転」もあるかもしれません。自信もアップし、やりがいを感じ出してきたからこそ、口調までもが別人のように前向きになったのかもしれません。

しかし、そのような要素を差し引いても、社内のコミュニケーション力の底上げによって、Nさんの姿勢も変わったのではないかと思わずにはいられません。対話にはそれぐらいの力があるのです。

コミュニケーションを深めるための施策として、他に「挨拶運動」というものもあります。これを実施している会社は少なくありません。

しかし、「挨拶」は、やはり「挨拶」止まりです。自分の気持ちや考えを吐露するものではないので、本質的な〝共感〟には至りにくいですし、相手のことを知ることにもつながりにくいのです。

そういった意味で**「朝礼」を日課にすること、さらに「対話フェス」のような特別なイベントを上乗せして対話力を強化することをぜひ推奨したい**のです。

経営サイドに属する方には「朝礼」の習慣化をご一考いただきたいと思いますし、管理職や若手の皆さんには「朝礼を上層部に提案して自主的に始める」挑戦をしていただければ、と思います。

おわりに

サンリオピューロランドでは、「朝礼」が企業文化として定着し、社内外で注目されるようになり、大きな発信力を持つようになりました。

現在は「朝礼のための専用スペースを用意するか否か」という声が上がるまでに醸成されてきました。

これはボトムアップで、スタッフから上がってきた声です。

「働き方改革」の一環としてオフィス環境をどうするか話し合っていた際、「朝礼の場所も確保したい」と多くのスタッフが声を上げてくれたのです。

赴任して半年後、反対意見も多い中スタートした朝礼が、このように育まれてきたことは、感慨深く、とてもありがたいことです。

前例のないことを始めるとき障害はつきものです。でも、全てのことは開拓者がいてスタートしている。自分が開拓者になれるというのは、人生においてとても幸運なことだと思います。そして、スタート時には想像もしていなかったことですが、こうして、ピューロランドの朝礼が注目を集め、さらには、奇跡的にもこうして書籍にしていただいています。

私は、ピューロランドと出会い、そこで働く仲間と出会い、お客様と出会い、この書籍をお読みくださる方と出会っています。

出会った方々へ、これから私にできること、それは初心を忘れずに、挑戦する気持ちを錆びつかせずに常に自分への質問を途切らせないことではないか、と思います。

「なぜ、私はここにいるの？」

「何のために、この仲間たちと出会ったの？」

「そもそも、私は何がしたいの？」

「人生で得たいものは何？」

「人生が閉じるときに、何を最後に言いたい？」

これらは、とても大きな問いであり、人生の本質、価値観に触れる質問です。

答えは、概ね出ています。けれど、人生には何が起こるかわからず、想定外のハプニングもまだまだ訪れるかもしれません。

ですから、折に触れ、これらの質問を自分に問い、恵まれた人生をさらに豊かに生きるために、リセットを繰り返して、自分の可能性を引き出していきたいと思っています。
人には無限の可能性がある。そのことを繰り返し本書の中でお伝えしてきましたが、朝礼をスタートしてみようかどうか、もし迷われている方がいらっしゃるとしたら、無限の可能性を引き出す朝礼に向けて、ぜひ一歩踏み出してみてください。やってみてわかることは値千金に間違いないです。

最後に、本書を書くにあたり、ご尽力いただいたサンリオピューロランド運営部の原島義和さん、久保田啓子さん、そして日頃朝礼を運営してくださるピューロランドの仲間たち、朝礼をスタートしたときに一緒に苦労を共にしてくださった庄司元洋さんに心からの感謝を贈ります。

「朝礼」という仕組みが、働く皆様の笑顔に繋がることをお祈りしています。

令和元年初秋　小巻亜矢

小巻 亜矢（こまき・あや）

株式会社サンリオエンターテイメント代表取締役社長。サンリオピューロランド館長。東京出身、東京大学大学院教育学研究科修士課程修了。1983年（株）サンリオ入社。結婚退社、出産などを経てサンリオ関連会社にて仕事復帰。2014年サンリオエンターテイメント顧問就任、2015年サンリオエンターテイメント取締役就任。2016年サンリオピューロランド館長就任、2019年6月より現職。子宮頸がん予防啓発活動「ハロースマイル（Hellosmile）」委員長、NPO法人ハロードリーム実行委員会代表理事、一般社団法人SDGsプラットフォーム代表理事。

サンリオピューロランドの魔法の朝礼

2019年11月22日　初版発行

著　者　株式会社サンリオエンターテイメント
　　　　代表取締役社長　小巻亜矢
発行者　野村直克
発行所　総合法令出版株式会社
　　　　〒103-0001 東京都中央区日本橋小伝馬町15-18
　　　　ユニゾ小伝馬町ビル9階
　　　　電話　03-5623-5121
印刷・製本　中央精版印刷株式会社

落丁・乱丁本はお取替えいたします。

ISBN 978-4-86280-715-1
総合法令出版ホームページ　http://www.horei.com/